支付业务季报 2

2012

Quarterly Payment Statistics and Analysis

中国人民银行支付结算司 编

中国金融出版社

责任编辑：黄海清
责任校对：李俊英
责任印制：程　颖

图书在版编目（CIP）数据

支付业务季报（Zhifu Yewu Jibao）. 2012 年. 第二季度/中国人民银行支付结算司编. —北京：中国金融出版社，2012. 9
ISBN 978 - 7 - 5049 - 6562 - 2

Ⅰ. ①支…　Ⅱ. ①中…　Ⅲ. ①银行—业务核算—会计报表—中国—2012　Ⅳ. ①F832. 2

中国版本图书馆 CIP 数据核字（2012）第 205521 号

出版发行　中国金融出版社
社址　北京市丰台区益泽路 2 号
市场开发部　（010）63266347，63805472，63439533（传真）
网上书店　http://www.chinafph.com
（010）63286832，63365686（传真）
读者服务部　（010）66070833，62568380
邮编　100071
经销　新华书店
印刷　天津市银博印刷技术发展有限公司
尺寸　210 毫米 ×285 毫米
印张　12
字数　165 千
版次　2012 年 9 月第 1 版
印次　2012 年 9 月第 1 次印刷
定价　100.00 元
ISBN 978 - 7 - 5049 - 6562 - 2/F. 6122

支付业务季报（2012年第二季度）

编写组

组　长：励　跃

副组长：樊爽文

执　笔：严　芳　　杨　青　　韩　露

徐玉陇　　杨　茵　　谭　明

董春芳　　郭世东　　罗月乔

审　稿：励　跃　　周金黄　　樊爽文

程世刚　　史英琪　　欧韵君

张　怡　　黄　萍　　张莉英

胡　波　　张　晔　　马　龙

谭静蕙　　殷　实　　潘　松

内容概要

2012年第二季度支付业务统计数据显示，支付体系继续保持平稳高效运行，支付业务量维持稳步增长态势，增幅继续回落，社会资金交易规模持续扩大，增速有所放缓。

一、非现金支付工具

2012年第二季度，全国共办理非现金支付业务100.17亿笔，金额308.37万亿元，同比分别增长22.1%和17.1%。非现金支付业务量总体呈现上升态势，笔数增速同比加快2.4个百分点，金额增速同比放缓5.6个百分点。

（一）票据

票据业务笔数同比下降，金额同比增长。第二季度，全国共发生票据业务1.95亿笔，金额74.36万亿元，笔数同比下降4.5%，金额同比增长5.2%。

支票业务单笔金额同比持续增长，增速有所加快。第二季度，全国共发生支票业务1.88亿笔，金额67.52万亿元，笔数同比下降5.1%，降速较上年同期放缓0.1个百分点，金额同比增长5.1%，增速较上年同期加快3.4个百分点。平均每笔支票业务金额为35.86万元，同比增长10.8%，增速较上年同期加快3.6个百分点。

商业汇票业务量同比大幅增长，笔数增速加快，金额增速有所回落。第二季度，实际结算商业汇票业务392.46万笔，金额3.95万亿元，同比分别增长35.7%和22.8%，笔数增速较上年同期加快3.4个百分点，金额增速较上年同期回落5.6个百分点。**电子商业汇票系统运行平稳，出票、承兑、贴现、转贴现业务量大幅攀升，纸票登记业务超过1 000万笔。**截至第二季度末，全国接入电子商业汇票系统的机构共计

331家，较上季度末增加2家。第二季度，电子商业汇票系统出票7.02万笔，金额2 342.36亿元；承兑7.14万笔，金额2 409.37亿元；贴现2.47万笔，金额1 063.8亿元。

商业汇票逾期垫款金额环比持续大幅上升，城市商业银行等其他金融机构商业汇票逾期垫款金额占比环比上升。第二季度末，全国银行业金融机构商业汇票逾期垫款金额为248.74亿元，环比上升28.9%。分银行类别来看，国有商业银行逾期垫款金额89.28亿元，占比35.9%，占比环比下降0.4个百分点；股份制商业银行逾期垫款金额90.00亿元，占比36.2%，占比环比下降2.4个百分点；其他金融机构逾期垫款金额69.47亿元，占比27.9%，占比环比上升2.8个百分点。分地区来看，商业汇票逾期垫款金额排名居前四位的地区依次是浙江（88.80亿元）、内蒙古（25.88亿元）、江苏（25.61亿元）、广东[①]（24.27亿元），四省（区）占比合计达66.2%。

（二）银行卡

银行卡发卡量持续增长，借记卡同比增速加快，信用卡同比增速放缓。银行卡受理市场环境持续改善。各类银行卡业务总体保持增长态势，同比增速持续放缓。银行卡消费业务同比快速增长，银行卡渗透率达到42.7%，社会公众使用银行卡意识进一步加强。

截至第二季度末，全国发行银行卡32.25亿张，环比增长3.9%，同比增长20.6%，同比增速加快2.6个百分点。其中，借记卡发卡量为29.23亿张，环比增长3.9%，同比增长20.9%，同比增速加快3.5个百分点；信用卡发卡量为3.02亿张，环比增长4.0%，同比增长17.4%，同比增速放缓6.9个百分点。

截至第二季度末，全国共有银行卡跨行支付系统联网商户388.25万户，联网POS机具594.09万台，ATM37.30万台，环比分别增加41.54万户、67.96万台和1.90万台。截至第二季度末，我国每台ATM对应的银行卡数量为8 646张，同比减少5.2%；每台POS对应的银行卡数量

① 不含深圳市。

为543张，同比减少19.2%。

第二季度，全国共发生银行卡业务94.71亿笔，同比增长22.9%，增速较上年同期加快2.2个百分点；金额82.62万亿元，同比增长6.5%，增速较上年同期放缓27.4个百分点。其中，银行卡存现业务16.70亿笔，金额13.94万亿元，同比分别增长22.1%和4.4%；银行卡取现业务40.07亿笔，金额14.66万亿元，笔数同比增长15.6%，金额同比下降1.4%；银行卡转账业务17.03亿笔，金额49.20万亿元，同比分别增长25.3%和7.7%；银行卡消费业务20.90亿笔，金额4.82万亿元，同比分别增长38.2%和32.6%。

第二季度，全国人均银行卡消费金额为3 618.73元，**银行卡渗透率**[①]**达到42.7%，比上年同期上升3.0个百分点**。全国银行卡卡均消费金额为1 495.56元，同比增长10.0%；笔均消费金额2 307.16元，同比下降4.0%。

信用卡授信总额和信用卡期末应偿信贷总额（信用卡透支余额）均保持增长态势。信用卡逾期半年未偿信贷总额小幅增长，占期末应偿信贷总额比例略有下降。截至第二季度末，信用卡授信总额2.99万亿元，同比增长30.1%，较第一季度末增加2 055.45亿元，增长7.4%；期末应偿信贷总额8 612.12亿元，同比增长47.2%，较第一季度末增加1 091.25亿元，环比增长14.5%。截至第二季度末，信用卡逾期半年未偿信贷总额132.66亿元，较第一季度末增加12.31亿元，增长10.2%；信用卡逾期半年未偿信贷总额占期末应偿信贷总额的1.5%，占比较第一季度下降0.1个百分点。

（三）汇兑等其他业务

汇兑、委托收款等其他业务保持快速增长。第二季度，全国共发生汇兑、委托收款等其他业务3.51亿笔，金额151.40万亿元，同比分别增长19.4%和31.4%，增速较上年同期分别加快4.9个百分点和0.5个百分点。其中，汇兑业务3.42亿笔，金额147.96万亿元，同比分别增

---

① 银行卡消费金额中剔除房地产及批发类交易金额。

长19.8%和31.9%，笔数增速较上年同期加快5.4个百分点，金额增速与上年同期持平。

二、支付系统

第二季度，支付系统平稳、高效运行，处理的支付业务总金额突破600万亿元；大额实时支付系统业务量持续快速增长，日均处理业务量增长较快；小额批量支付系统业务量保持增长态势；同城票据清算系统业务量保持下降态势；境内外币支付系统业务金额同比大幅增长；网上支付跨行清算系统业务量大幅增长；银行业金融机构行内支付系统业务量保持较快增长态势；银行卡跨行支付系统业务量继续保持快速增长。

第二季度，支付系统[①]共处理支付业务45.99亿笔，金额624.04万亿元，同比分别增长24.6%和27.9%，笔数增速较上年同期放缓13.8个百分点，金额增速较上年同期加快0.8个百分点；**从支付系统资金往来情况[②]看，第二季度，全国各省（市、自治区）辖内资金流动总量占全国资金流动总量的比例由第一季度的50.3%下降至49.5%。**共17个省（市、自治区）的辖内资金流动量超过本省（市、自治区）资金流动总量的50%。

大额实时支付系统业务量持续快速增长，日均处理业务量同比大幅增长。第二季度，大额实时支付系统处理业务1.12亿笔，金额446.41万亿元，同比分别增长26.7%和32.6%，分别占支付系统业务笔数和金额的2.4%和71.6%，业务金额是第二季度全国GDP总量的37.48倍，较第一季度有所上升；日均处理业务183.27万笔，金额7.32万亿元[③]，同比分别增长28.8%和34.7%，较第一季度分别增加19.09万笔和1.11万亿元。

小额批量支付系统业务量保持较快增长态势。第二季度，小额批量支付系统共处理业务1.76亿笔，金额4.38万亿元，同比分别增长

① 支付系统包含大额实时支付系统、小额批量支付系统、同城票据清算系统、境内外币支付系统、网上支付跨行清算系统、银行业金融机构行内支付系统及银行卡跨行支付系统等7个系统。

② 包含大额实时支付系统、小额批量支付系统、银行业金融机构行内支付系统等3个系统处理的资金交易。

③ 2012年第二季度大额实时支付系统实际运行61个工作日，此处按实际运行工作日计算。

33.9%和5.2%，分别占支付系统业务笔数和金额的3.8%和0.7%；日均处理业务197.76万笔，金额491.88亿元[①]。

同城票据清算系统业务量继续保持下降态势。第二季度，同城票据清算系统共处理业务0.95亿笔，金额16.08万亿元，同比分别下降8.1%和7.2%，分别占支付系统业务笔数和金额的2.1%和2.6%；日均处理业务156.13万笔，金额2 635.30亿元[②]。

境内外币支付系统业务金额同比大幅增长。第二季度，境内外币支付系统共运行61个工作日，处理支付业务27.58万笔，金额8 406.66亿元（1 335.57亿美元），同比笔数增长37.7%，金额增长115.9%；日均处理支付业务4 521笔，金额137.81亿元（21.89亿美元），同比笔数增长40.0%，金额增长119.5%。

网上支付跨行清算系统业务持续增长。截至第二季度末，全国共有121家机构接入网上支付跨行清算系统。第二季度，网上支付跨行清算系统共处理支付业务5 687.85万笔，金额7 649.71亿元，分别占支付系统业务笔数和金额的1.2%和0.1%；环比分别增长48.2%和42.9%；日均处理支付业务62.50万笔，金额84.06亿元[③]。

银行业金融机构行内支付系统业务量继续保持较快增长。第二季度，银行业金融机构行内支付系统共处理业务21.44亿笔，金额150.93万亿元，同比分别增长25.3%和20.0%，分别占支付系统业务笔数和金额的46.7%和24.2%；日均处理业务2 356.03万笔，金额1.66万亿元[④]。

银行卡跨行支付系统业务量保持快速增长。第二季度，银行卡跨行支付系统共处理业务20.14亿笔，金额4.63万亿元，同比分别增长21.6%和28.4%，分别占支付系统业务笔数和金额的43.8%和0.7%；日均处理业务笔数2 213.62万笔，金额509.18亿元。

---

① 2012年第二季度小额批量支付系统实际运行89个工作日，此处按实际运行工作日计算。

② 此处按2012年第二季度实际工作日61日计算。

③ 此处按2012年第二季度91个自然日计算。

④ 此处按2012年第二季度91个自然日计算。

三、银行结算账户

银行结算账户数量继续保持平稳增长，环比增速小幅提高。截至第二季度末，全国共有银行结算账户 45.10 亿户[①]，环比增长 5.1%，增速环比加快 0.6 个百分点。其中，单位银行结算账户 3 018.03 万户，占银行结算账户的 0.7%，环比增长 3.5%，增速环比加快 0.2 个百分点；个人银行结算账户 44.80 亿户，占银行结算账户的 99.3%，环比增长 5.1%，增速环比加快 0.6 个百分点。

注册资金规模在 100 万元以下的中小企业开立的单位银行结算账户数量在全国总量中占比接近总量的七成，注册资金规模在 100 万元以上的企业开立单位银行结算账户数量同比增速放缓。截至第二季度末，注册资金 100 万元以下、100 万 ~1 000 万元、1 000 万 ~1 亿元和 1 亿元以上的企业开立的单位银行结算账户占比分别是 69.5%、18.7%、9.1% 和 2.8%，同比分别增长 11.4%、16.5%、18.5% 和 16.1%，增速较第一季度分别上升 1.0 个百分点，下降 3.0 个百分点、5.6 个百分点和 4.9 个百分点。

农林牧渔业、服务业等行业银行结算账户数量不断增加，批发零售业、制造业银行结算账户数量占比接近全国银行结算账户数量的 50%。截至第二季度末，批发和零售业、农林牧渔业、租赁和商务服务业、住宿和餐饮业、居民服务和其他服务业等与居民日常生活密切相关的行业分别开立单位银行结算账户 940.57 万户、135.34 万户、101.34 万户、54.81 万户和 233.65 万户，同比分别增长 19.7%、19.0%、17.6%、17.0 % 和 15.4%。从银行结算账户行业分布情况看，批发和零售业、制造业合计占比达 47.4%，占比环比提高 0.3 个百分点。

房地产业单位银行结算账户数量继续增长，环比增速回落，中、西部地区环比增速高于全国平均水平。截至第二季度末，全国房地产业单位银行结算账户数量共计 90.18 万户，同比增长 10.5%，环比增长 2.4%，环比增速放缓 0.1 个百分点。自 2011 年第三季度以来，房地产

① 银行结算账户数据来源于中国人民银行人民币银行结算账户管理系统，下同。

业单位银行结算账户数量环比增速已连续四个季度处于3%以下。分地区来看，东部和中部地区房地产业单位银行结算账户数量占全国的71.8%，占比与第一季度持平。中部和西部地区房地产业单位银行结算账户数量环比分别增长3.0%和2.7%，高于2.4%的全国平均增速。

制造业单位银行结算账户数量占比环比小幅上升。截至第二季度末，制造业单位银行结算账户共计506.10万户，同比增长7.4%，环比增长2.1%，环比增速减缓0.2个百分点。制造业单位账户数量占全行业单位银行结算账户数量的比重为16.8%，占比同比下降0.1个百分点，环比上升0.5个百分点，扭转了从2006年第一季度以来制造业单位银行结算账户的全国占比逐季持续减少的趋势。

个人银行结算账户数量延续增长态势，增速有所下降。截至第二季度末，全国共有个人银行结算账户44.80亿户，同比增长19.2%，增速较上年同期放缓5.8个百分点；环比增长5.1%，增速较第一季度加快0.6个百分点。个人银行结算账户数量排名前十位的省（市）分别为广东①、山东、江苏、浙江、上海、福建、四川、河南、湖南和辽宁，上述十省（市）个人银行结算账户共计27.94亿户，占全国的62.4%；排名后五位的内蒙古、海南、宁夏、青海、西藏等五省（自治区）的个人银行结算账户合计1.01亿户，全国占比仅为2.3%。

① 含深圳市。

目　录

第一部分　报表分析说明

专栏

表

图

第二部分　支付业务报表

第三部分　支付业务地域及行别分布状况

第一部分

报表分析说明

一、非现金支付工具

2012年是我国“十二五”规划实施的第二年，在2012年中央经济工作会议精神“稳中求进”的指引下，第二季度国民经济发展缓中趋稳，总体稳健，经济规模保持适度较快增长，共实现国内生产总值（GDP）11.91万亿元，同比增长7.6%，增速较上年同期放缓1.9个百分点。随着我国经济持续稳步增长和经济增长方式逐步转变，在经济发展中将更注重质量和效益，社会资金交易规模逐步增大，非现金支付业务量保持持续稳步增长（如图1）。

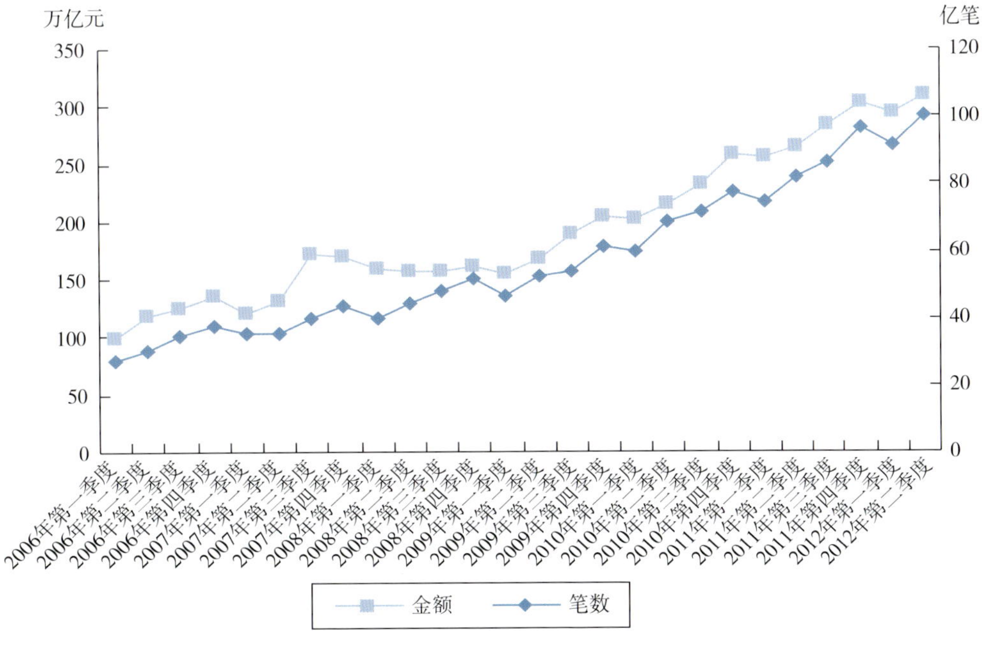

图1　2006年第一季度以来非现金支付业务量趋势图

第二季度，非现金支付业务量稳步增长，金额同比增速放缓，环比增速小幅上升。全国共办理非现金支付业务1 001 675.23万笔，金额

3 083 738.18亿元，同比分别增长22.1%和17.1%，笔数增速同比加快2.4个百分点，金额增速同比放缓5.6个百分点；与第一季度相比，笔数增速回落0.3个百分点，金额增速加快2.5个百分点。

非现金支付业务金额自2009年第三季度以来基本以超过国内生产总值（GDP）增速10.0个百分点以上的增速保持增长，为我国国民经济平稳增长提供了有力的资金流通支持。从总体趋势上看，非现金业务金额增速与国内生产总值增速变动保持着较强的趋同性（如图2）。

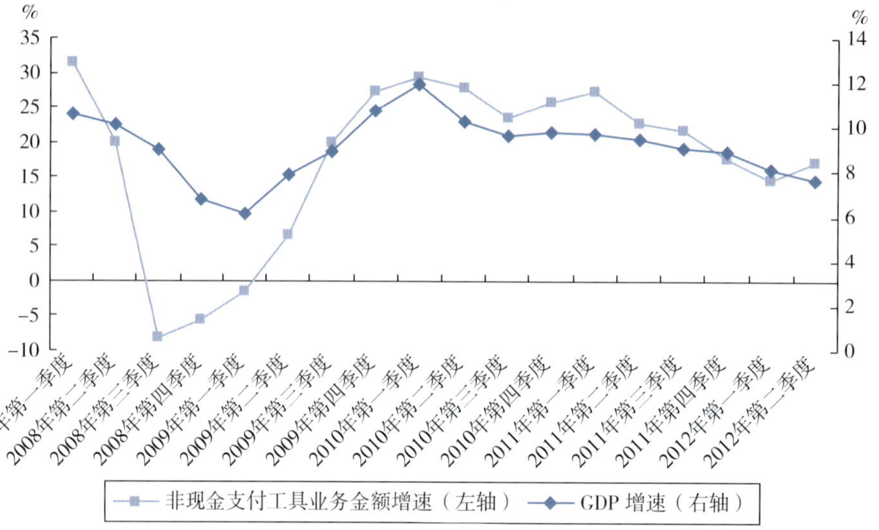

图2　2008年第一季度以来非现金支付工具业务金额、GDP增速变动趋势图

从非现金支付工具构成来看，票据业务量占比继续下降；银行卡业务笔数占比超过九成，笔数占比微幅增加，金额占比出现下降；汇兑等其他业务笔数占比微幅下降，金额占比小幅上升。第二季度，全国共发生票据业务19 543.94万笔，金额743 584.80亿元，占非现金支付工具业务量的2.0%和24.1%，笔数和金额占比同比分别下降0.5个百分点和2.7个百分点；银行卡业务947 078.08万笔，金额826 154.61亿元，占非现金支付工具业务量的94.5%和26.8%，笔数占比同比上升0.6个百分点，金额占比同比下降2.6个百分点；汇兑、委托收款等结算方式业务35 053.21万笔，金额1 513 998.77亿元，占非现金支付工具业务量的3.5%和49.1%，笔数占比同比下降0.1个百分点，金额占比同比上

升 5.3 个百分点（如图 3、图 4）。

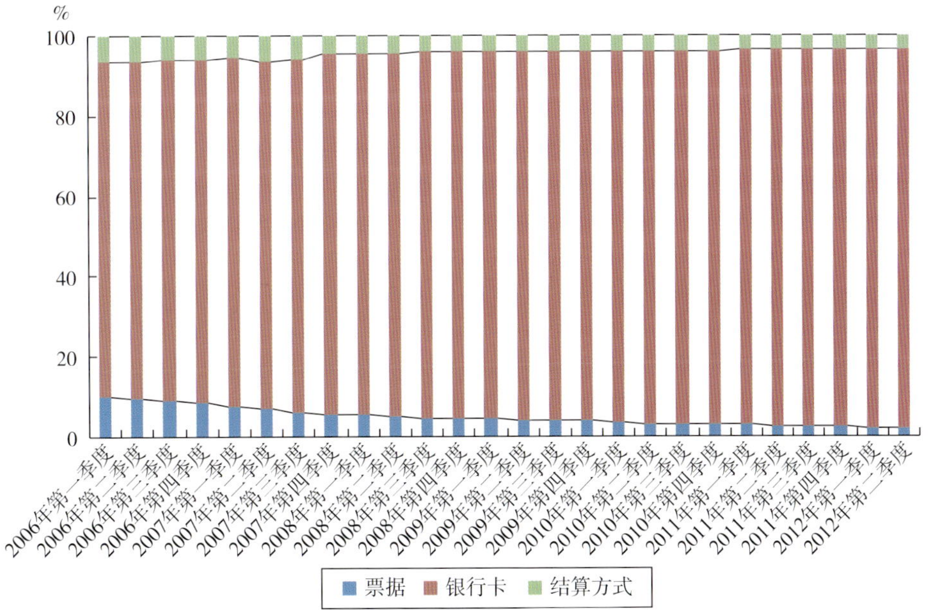

图 3　2006 年第一季度以来支付工具业务笔数占比变动趋势图

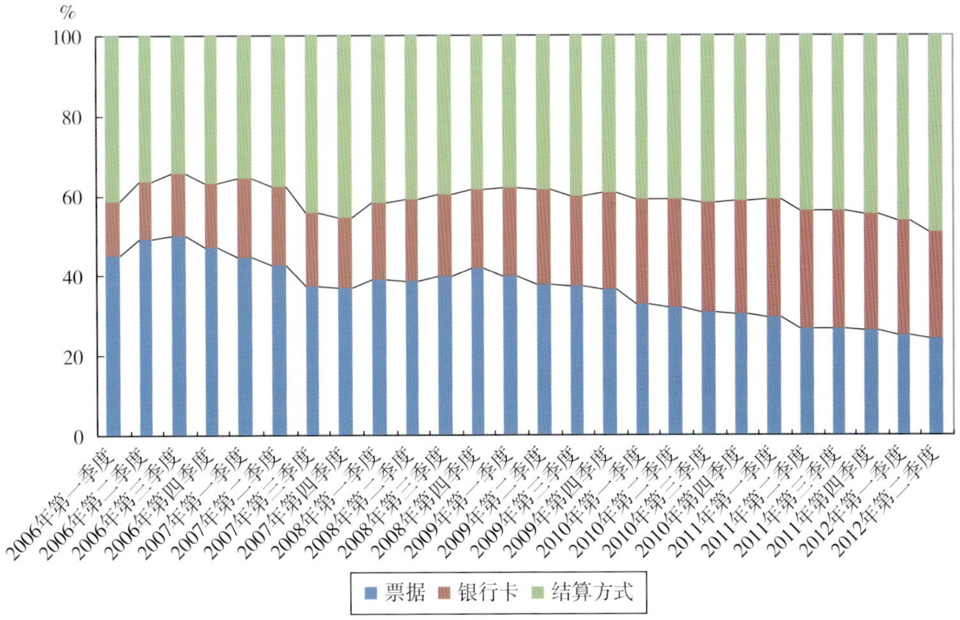

图 4　2006 年第一季度以来支付工具业务金额占比变动趋势图

票据业务金额同比增速有所加快；银行卡业务金额同比增速大幅回落；结算方式业务笔数、金额较上年同期增速小幅上升。第二季度，票据业务笔数同比下降 4.5%，降速较上年同期放缓 0.4 个百分点，金额同比增长5.2%，增速较上年同期加快2.6个百分点；银行卡业务笔数同比增长22.9%，增速较上年同期加快2.2个百分点，金额同比增长6.5%，增速较上年同期回落27.4个百分点；结算方式业务笔数同比增长19.4%，增速较上年同期加快4.9个百分点，金额同比增长31.4%，增速较上年同期加快0.5个百分点。

（一）票据

第二季度，全国共发生票据业务19 543.94万笔，同比下降4.5%，金额743 584.80亿元，同比增长5.2%，日均业务214.77万笔、金额8 171.26亿元[①]。

东部、西部地区票据业务金额全国占比同比小幅上升。第二季度，东部、西部地区票据业务金额全国占比分别为69.0%和14.4%，较上年同期分别上升0.4个百分点和0.1个百分点。中部和东北部地区票据业务金额全国占比分别为12.3%和4.3%（如图5），占比较上年同期分别下降0.4个百分点和0.1个百分点。第二季度，东部、中部、西部和东北部票据业务笔数同期占比分别为53.9%、16.3%、23.2%和6.6%（如图6）。

1. 支票

支票业务单笔金额同比持续增长，增速有所加快。第二季度，全国共发生支票业务18 829.59万笔，日均206.92万笔，金额675 194.67亿元，日均7 419.72亿元。支票业务笔数同比下降5.1%，降速较上年同期放缓0.1个百分点；金额同比增长5.1%，增速较上年同期加快3.4个百分点。平均每笔支票业务金额为35.86万元，同比增长10.8%，环比增长3.5%（如图7）。分地区来看，第二季度，平均每笔支票业务金额

① 按91日计算，如无特别注明，下同。

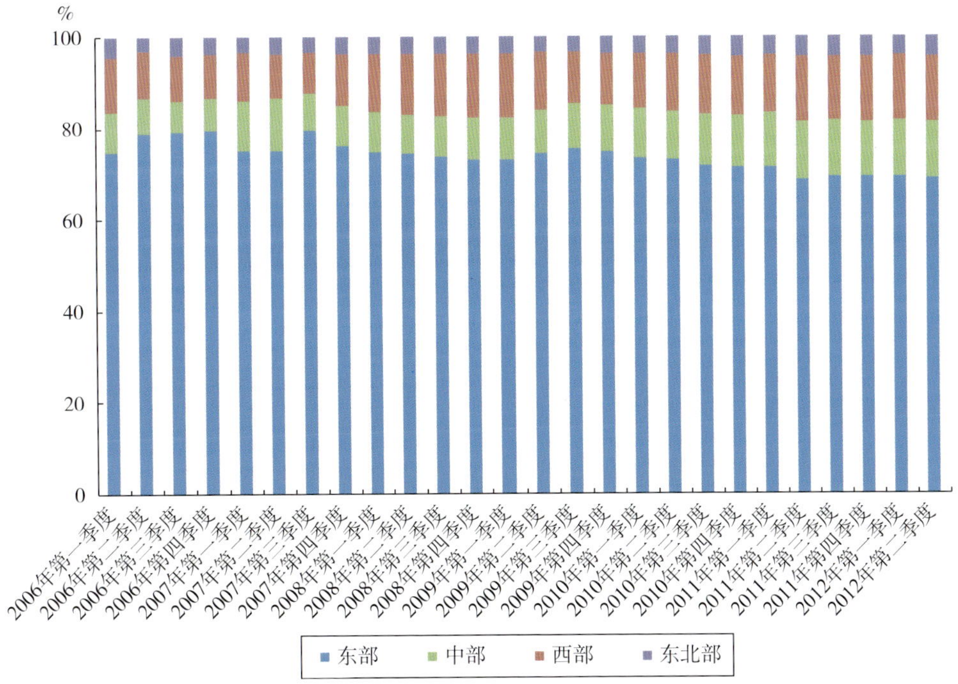

图 5　2006 年第一季度以来各地区票据金额占比变动趋势图

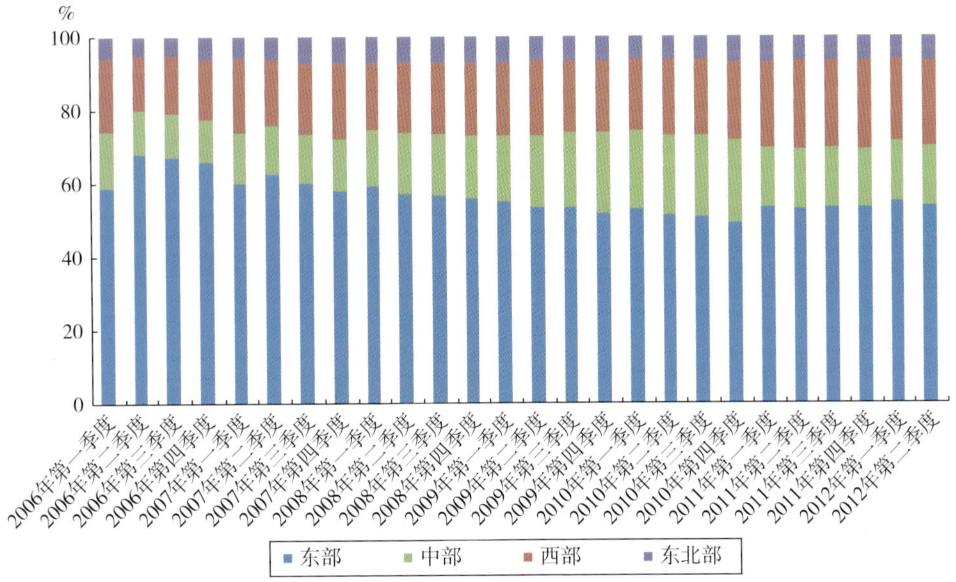

图 6　2006 年第一季度以来各地区票据笔数占比变动趋势图

最高的是北京，达到 153.04 万元，平均每笔支票业务金额最低的是甘肃，为 9.02 万元。第二季度，单位支票业务 18 621.49 万笔，同比下降 5.1%，金额 674 025.59 亿元，同比增长 5.1%；个人支票业务 208.10

万笔，同比下降4.5%，金额1 169.07亿元，同比下降5.4%。

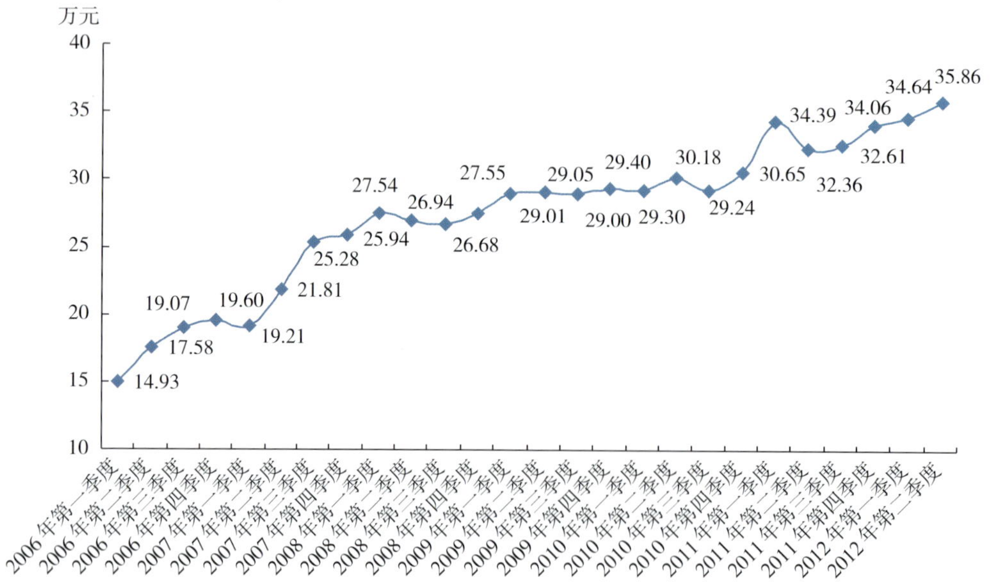

图7　2006年第一季度以来每季度平均单笔支票金额增长示意图

北京、上海等经济较发达地区支票业务平稳发展，笔数同比略有下降，金额同比小幅上升。从第二季度全国支票业务地区分布情况看（如图8、图9），北京、浙江、江苏、广东、山东、上海六省（市）共发生支票业务8 179.57万笔，同比下降1.5%，占全国支票业务量的43.4%，占比同比上升1.5个百分点；其他地区共发生支票业务10 650.02万笔，同比下降7.7%，占全国支票业务量的56.6%。北京、上海、江苏、广东、浙江、山东六省（市）共发生支票业务金额394 387.87亿元，同比增长6.2%，占全国支票业务量的58.4%，占比同比上升0.6个百分点；

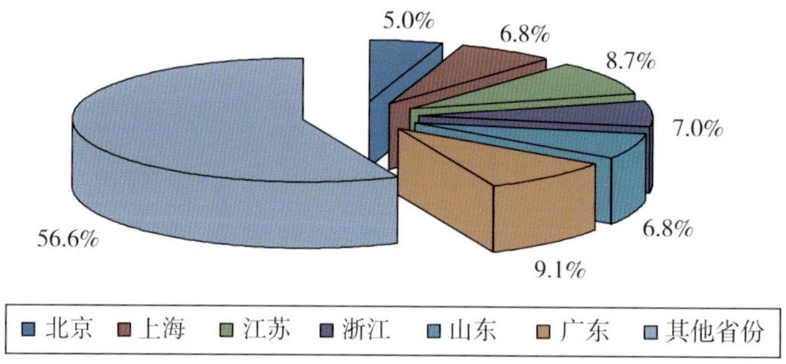

图8　2012年第二季度主要地区支票业务笔数占比示意图

其他地区支票业务总金额 280 806.79 亿元，同比增长 3.7%，占全国支票业务量的 41.6%。

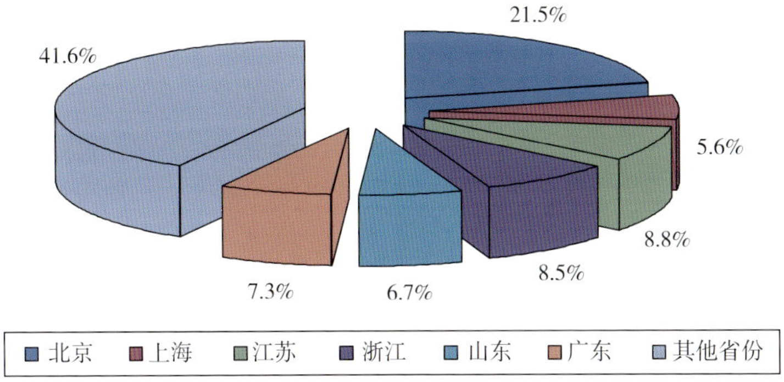

图 9　2012 年第二季度主要地区支票业务金额占比示意图

违规支票查处成效显著，各项违规指标均有所下降。第二季度，全国共查处违规支票 5.46 万笔，同比下降 0.7%，占同期支票业务量的 0.3‰；涉及票面金额 62.03 亿元，同比下降 17.8%，占同期支票业务量 0.1‰。其中，空头支票 4.83 万笔，涉及票面金额 58.84 亿元，预留签章不符支票 0.63 万笔，涉及票面金额 3.19 亿元。第二季度全国实际处罚违规支票行为 2.35 万笔，同比下降 11.9%，处罚金额 0.76 亿元，同比下降 0.2%。

第二季度，广东、上海、深圳、浙江、辽宁等五省（市）共查处违规支票 5.08 万笔，金额 58.53 亿元，分别占全国违规支票的 93.0% 和 94.4%；实际处罚 2.17 万笔，金额 0.69 亿元，分别占全国实际处罚违规支票的 92.3% 和 90.1%。

2. 商业汇票

实际结算商业汇票业务量同比保持增长，笔数增速加快，金额增速有所回落。第二季度，实际结算商业汇票业务 392.46 万笔，金额 39 514.32亿元，同比分别增长 35.7% 和 22.8%，笔数增速较上年同期加快 3.4 个百分点，金额增速较上年同期回落 5.6 个百分点。实际结算商业汇票笔数延续持续上扬的态势（如图 10）。

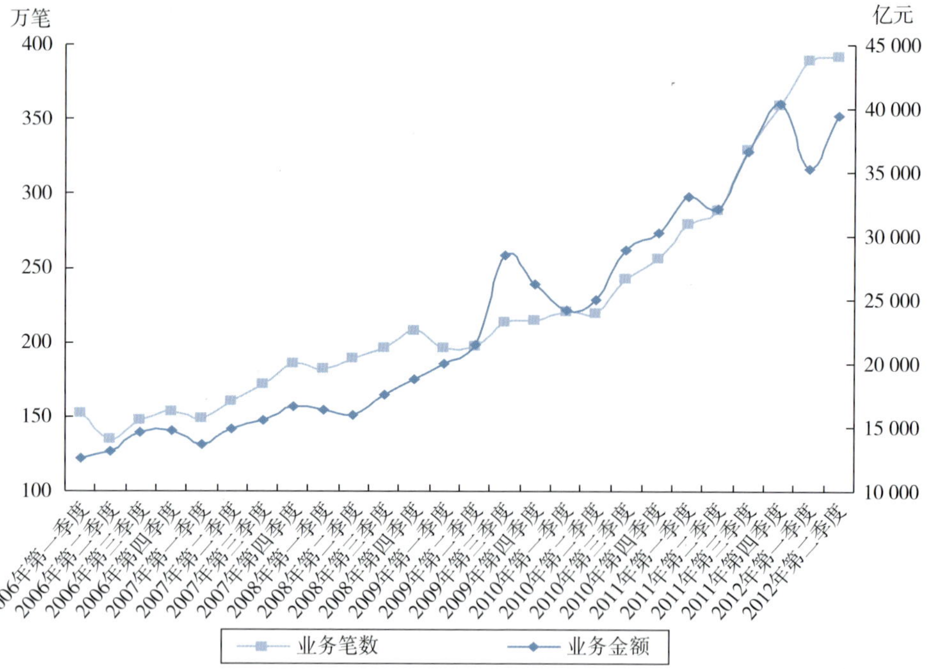

图 10　2006 年第一季度以来商业汇票业务量变动趋势图

电子商业汇票系统运行平稳，出票、承兑、贴现、转贴现业务量大幅攀升，纸票登记业务超过 1 000 万笔。截至第二季度末，全国接入电子商业汇票系统的机构共有 331 家，较上季度末增加 2 家。第二季度，电子商业汇票系统出票、承兑、贴现业务笔数、金额环比大幅增长（见表1）。其中，出票 70 235 笔，金额 2 342.36 亿元，环比分别增长 17.7% 和 37.0%，笔均 333.50 万元；平均每个工作日[①]完成出票1 151 笔，金额 38.40 亿元。承兑 71 387 笔，金额 2 409.37 亿元，环比分别增长 17.4% 和 37.6%，笔均 337.51 万元；平均每个工作日承兑 1 170 笔，金额 39.50 亿元。贴现 24 662 笔，金额 1 063.80 亿元，环比分别增长 40.5% 和 89.5%，笔均 431.35 万元；平均每个工作日贴现 404 笔，金额 17.44 亿元。转贴现 29 754 笔，金额 1 704.35 亿元，环比分别增长 73.7% 和 141.7%，笔均 572.81 万元；平均每个工作日转贴现 488 笔，金额 27.94 亿元。通过大额支付系统发生票款对付业务 35 063 笔，金额

① 2012 年第二季度，电子商业汇票系统运行工作日为 61 天。

1 216.16 亿元，环比分别增长 1.7% 和 20.6%，笔均 346.85 万元。系统共收到纸质商业汇票登记 1 005.43 万笔。

表 1　电子商业汇票系统业务量统计表

单位：笔、亿元、%

业务类别	笔数			金额		
	2012 年第二季度	2012 年第一季度	环比增长	2012 年第二季度	2012 年第一季度	环比增长
出票	70 235	59 672	17.7	2 342.36	1 710.29	37.0
承兑	71 387	60 783	17.4	2 409.37	1 750.96	37.6
银行承兑汇票	66 757	57 898	15.3	1 886.66	1 407.04	34.1
商业承兑汇票	4 630	2 885	60.5	522.71	343.92	52.0
贴现	24 662	17 551	40.5	1 063.8	561.49	89.5
转贴现	29 754	17 131	73.7	1 704.35	705.04	141.7
通过大额支付系统发生票款对付业务	35 063	34 485	1.7	1 216.16	1 008.83	20.6

专栏 1　基于产业链的电子商业汇票业务发展模式——以山东为例

电子商业汇票的推广应用对于防范票据业务风险、便利企业支付结算和融资活动具有重要的意义。为加快电子商业汇票的普及应用，人民银行济南分行（以下简称济南分行）积极探索电子商业汇票业务发展的有效路径，形成了以产业链核心企业为突破口，多管齐下共同推进的工作模式，取得了显著成效。

一、以大型企业集团为突破口，推动电子商业汇票的行业应用

电子商业汇票业务推广初期，企业对电子商业汇票的认可度不高。为解决这一问题，打开电子商业汇票推广的突破口，济南分行开展了广泛调研。调研发现山东省内大型企业众多，特别是海尔集团、海信集团、重汽集团等，不仅在家电、汽车等普遍使用商业汇票结算的行业具有较大影响力，并且集团所属财务公司均已成功开办电子商业汇票业务。针对这一情况，济南分行确定了以大型企业集团为突破口，推广电子商业汇票业务的工作思路。先后多次召开联系会、座谈会部署推广工作，并深入财务公司调研，帮助其解决实际问题。在推广工作取得初步进展后，随即在济南、烟台等地召开现场推介会，大力推广工作经验。目前，山东省电子商业汇票业务在家电、汽车等行业的应用取得显著进展，产业链上下游行业的应用得到有效带动。其中，海尔集团已累计签发电票5.7万笔，金额567.4亿元，与1 500余家外部供应商之间的结算100%通过电子商业汇票完成。

二、以政策支持为助力，加快业务发展

为引导金融机构加大电子商业汇票业务推广力度，济南分行坚持优先为电子商业汇票办理再贴现的原则，推动银行业机构对使用电子商业汇票的企业给予贴现资金支持。同时，将电子商业汇票业务发展情况纳入对金融机构的综合评价，以电子商业汇票业务量、网点开通率、电子商业汇票客户在网银客户中的比率、商业汇票电子化率等指标作为评价业务开展情况的重要依据。2012年，为进一步推动业务发展，济南分行明确提出单笔票据金额超过300万元的，鼓励企业使用电子商业汇票签发。2012年上半年，山东省累计办理再贴现业务557笔，金额42.4亿元，其中电子商业汇票325笔，金额13.8亿元，分别占58.3%和32.5%。在人民银行的引导和推动下，部分银行业机构也出台了对电子商业汇票贴现的优惠政策。如部分银行机构拿出专门的信用额度，用于办理电子商业汇票承兑和贴现业务。

三、以系统管理为保障，规范业务处理

系统的高效稳定运行是电子商业汇票业务发展的基础。为加强系统管理，济南分行建立了山东省电子商业汇票系统准入考试制度，引导金融机构加强培训，督促业务人员熟练掌握电子商业汇票业务处理规定，规范业务处理。这也为业务人员解答客户咨询、协助客户解决业务办理中遇到的问题奠定了坚实的知识基础。系统上线以来，济南分行坚持每年组织开展电子商业汇票系统应急演练，积累应急处置经验，提高处置突发事件的能力，保障电子商业汇票系统业务处理安全。在加强系统管理的同时，济南分行积极支持金融机构和财务公司加入电子商业汇票系统，扩大业务开办主体；及时协调解决业务办理过程中出现的问题，保障业务顺利开展。截至2012年7月末，全省共有40家银行机构开办电子商业汇票业务。

四、以宣传培训为先导，扩大社会认知度

2010年6月28日，电子商业汇票系统全国推广运行首日，济南分行在省内最具影响力的平面媒体之一《齐鲁晚报》刊登公告介绍电子商业汇票业务，随后在各地市组织一系列宣传活动，营造了良好的舆论氛围。次年，在科普读物《汇通天下：支付结算知识漫谈》中开辟了专门的章节，通过“看得见摸不着的安全票据”、“千里传递一瞬间”和“收款无忧真轻松”三个小故事，生动形象地介绍了电子商业汇票的特点和优势。同时，大力开展业务培训。一方面，通过录制视频课件、现场培训等方式，为银行机构业务人员讲授电子商业汇票知识。另一方面，积极开展面向企业财务人员的宣传培训，帮助企业了解电子商业汇票业务、消除顾虑。为方便企业办理业务，济南分行还在官方网站公示了开办电子商业汇票的银行网点名单和联系方式。

截至2012年6月末，山东省已累计办理电子商业汇票承兑业务71 559笔，金额1 295.9亿元；办理贴现业务16 151笔，金额572.1亿元；办理再贴现业务1 096笔，金额74.5亿元。电子商业汇票的推广，不仅便利了企业交易和融资，更给企业带来了实实在在的效益，票据管理效益显著提高，交易成本明显下降。据海尔财务公司测算，集团使用电子商业汇票后，票据业务工作人员数量减少一半，票据结算速度提升2倍，每年可节约承兑手续费2 000余万元，为客户节约往返差旅费3 600余万元。

（中国人民银行济南分行支付结算处供稿）

银行承兑汇票业务量继续增长，笔数同比增速持续提升，但金额增速有所回落。第二季度，全国实际结算银行承兑汇票业务387.85万笔，金额38 093.83亿元，同比分别增长36.4%和24.0%，笔数增速较上年同期加快3.1个百分点，金额增速较上年同期回落6.3个百分点。第二季度，银行承兑汇票笔数和金额分别占商业汇票业务量的98.8%和96.4%，笔数、金额占比同比分别上升0.5个百分点和0.9个百分点。分地区来看，银行承兑汇票笔数居全国前六位的依次为浙江、江苏、山东、河南、湖北、广东，共发生业务255.24万笔，占全国银行承兑汇票业务量的65.8%；银行承兑汇票金额居全国前六位的依次为浙江、江苏、山东、广东、上海、辽宁，共发生业务19 722.76亿元，占全国银行承兑汇票业务量的51.7%（如图11、图12）。

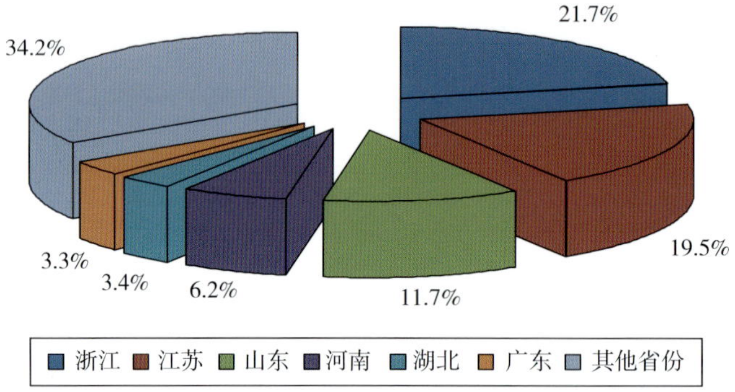

图11　2012年第二季度各省（市、自治区）银行承兑汇票业务笔数占比示意图

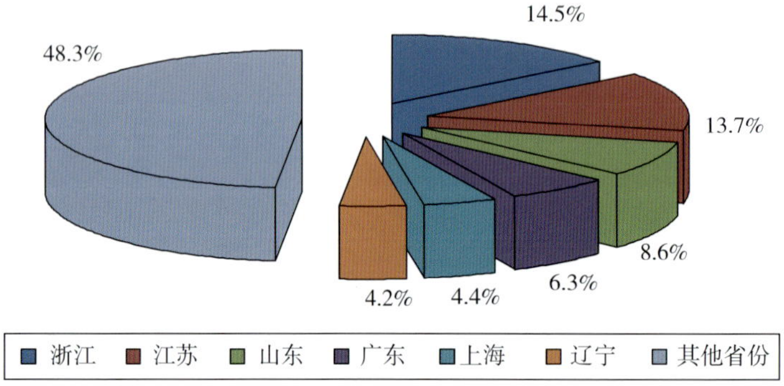

图12　2012年第二季度各省（市、自治区）银行承兑汇票业务金额占比示意图

商业承兑汇票业务笔数、金额同比继续下降。受总体经济环境影响，企业生产经营资金趋紧，第二季度，全国实际结算商业承兑汇票业务4.61万笔，同比下降4.9%，金额1 420.49亿元，同比下降1.9%。分地区来看，商业承兑汇票业务笔数居前六位的上海、浙江、山东、广东、深圳、湖北等六省（市）实际结算业务3.18万笔，占全国商业承兑汇票业务笔数的69.0%；商业承兑汇票业务金额居前六位的浙江、辽宁、北京、上海、江苏、广东等六省（市）实际结算业务1 126.91亿元，占全国商业承兑汇票业务金额的79.3%（如图13、图14）。

商业汇票逾期垫款金额环比持续大幅上升，城市商业银行等其他金融机构商业汇票逾期垫款金额占比环比上升。商业汇票逾期垫款金额2007—2010年四年间一直保持下降趋势，2011年第一季度以来逐步上

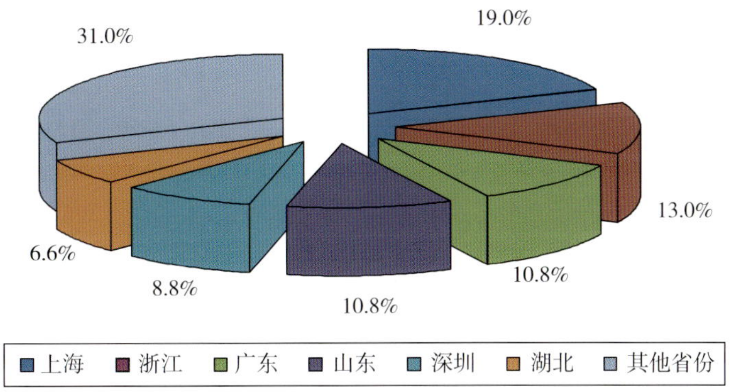

图 13　2012 年第二季度各省（市、自治区）商业承兑汇票业务笔数占比示意图

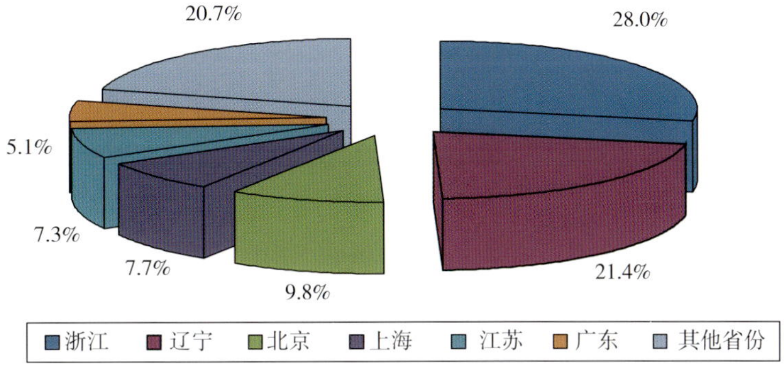

图 14　2012 年第二季度各省（市、自治区）商业承兑汇票业务金额占比示意图

升，在 2012 年第二季度达到峰值（如图 15），票据业务潜在风险有持续扩大趋势。截至第二季度末，全国银行业金融机构商业汇票逾期垫款金额为 248.74 亿元，环比增长 28.9%。分银行类别来看，国有商业银行逾期垫款金额 89.28 亿元，占比 35.9%，占比环比下降 0.4 个百分点；股份制商业银行逾期垫款金额 90.00 亿元，占比 36.2%，占比环比下降 2.4 个百分点；其他金融机构逾期垫款金额 69.47 亿元，占比 27.9%，占比环比上升 2.8 个百分点。分地区来看，商业汇票逾期垫款金额排名居前四位的地区依次是浙江（88.80 亿元）、内蒙古（25.88 亿元）、江苏（25.61 亿元）、广东[①]（24.27 亿元），四省（区）占比合计达 66.2%。

① 不含深圳市。

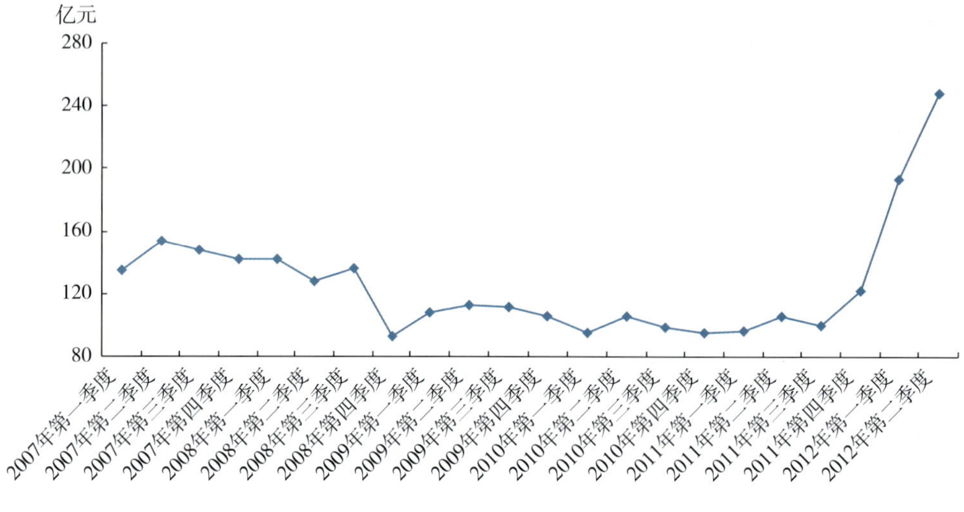

图 15　2007 年第一季度以来商业汇票逾期垫款金额变动趋势图

涉农金融机构[①]票据逾期垫款金额占比有所下降，票据资金风险依然存在。截至第二季度末，涉农金融机构逾期垫款金额为 39.76 亿元，占全国银行业金融机构商业汇票逾期垫款总金额的 16.0%，金额环比增长 1.1%（如图 16）。第二季度，涉农金融机构票据逾期垫款金额占比为16.0%，占比较第一季度下降4.4 个百分点，同比上升1.4 个百分点，票据资金风险依然存在。

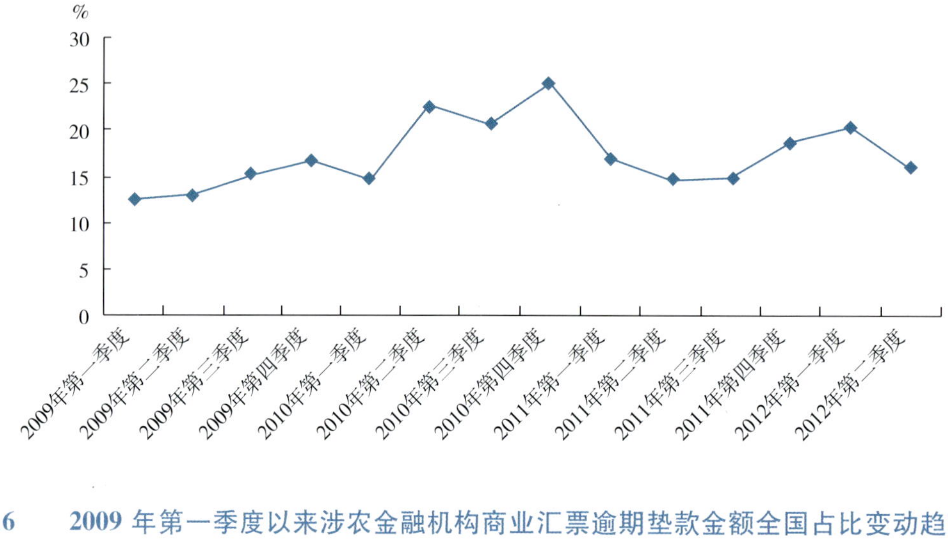

图 16　　2009 年第一季度以来涉农金融机构商业汇票逾期垫款金额全国占比变动趋势图

① 包括中国农业银行、农村信用社、农村商业银行和农村合作银行。

3. 银行汇票、银行本票

银行汇票业务量同比持续下降，华东三省一市的银行汇票笔数占比同比略有上升，金额占比同比有所下降。第二季度，全国共发生银行汇票业务118.82万笔，金额6 380.46亿元，同比分别下降7.1%和16.6%（如图17）。其中，上海、江苏、浙江和安徽华东三省一市共办理银行汇票业务87.57万笔，金额4 779.74亿元，分别占全国业务量的73.7%和74.9%，笔数占比同比上升2.9个百分点，金额占比同比下降4.2个百分点（见表2）。

银行本票业务量同比下降。第二季度，全国共发生银行本票业务183.03万笔，金额18 424.55亿元，同比分别下降4.3%和18.1%（如图17）。其中，上海、江苏、浙江共发生银行本票业务179.45万笔，金额17 901.62亿元，分别占全国业务量的98.1%和97.2%，笔数占比同比持平，金额占比同比微升0.1个百分点（见表3）。

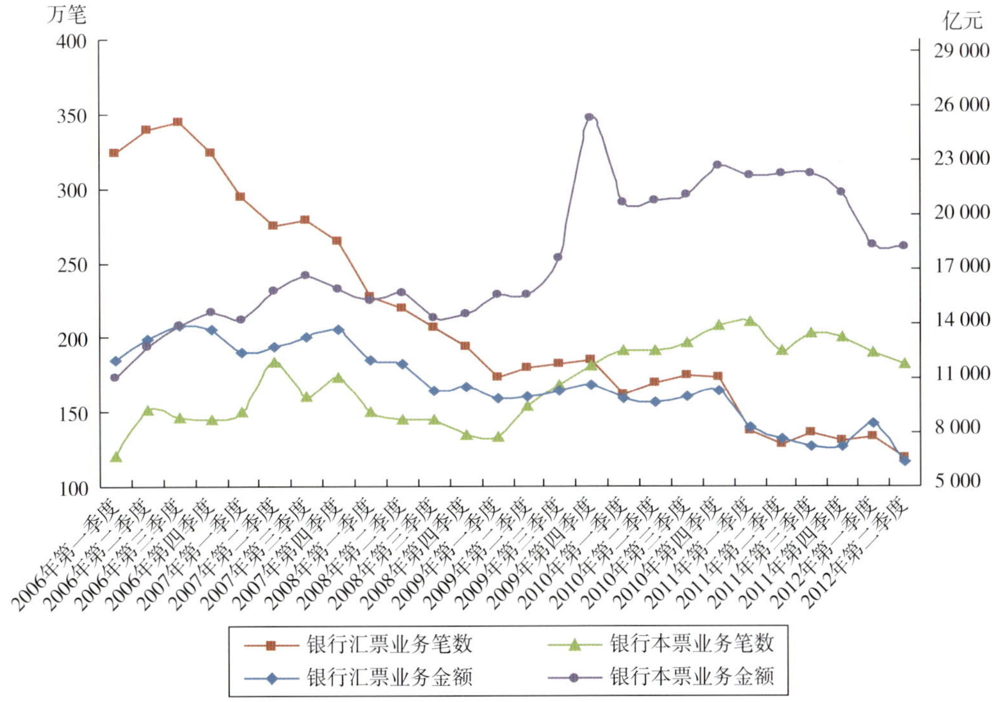

图17　2006年第一季度以来银行汇票和银行本票业务量变动趋势图

表2 2012年第二季度银行汇票业务对比表

单位：%、个百分点

地区	2012年第二季度		2011年第二季度		同比变动	
	笔数占比	金额占比	笔数占比	金额占比	笔数占比	金额占比
上海	0.8	1.3	1.0	1.5	-0.2	-0.2
江苏	30.5	26.1	29.7	28.1	0.8	-2.0
浙江	11.1	28.1	15.4	32.7	-4.3	-4.6
安徽	31.3	19.4	24.8	16.8	6.5	2.6
其他地区	26.3	25.1	29.1	20.9	-2.8	4.2

表3 2012年第二季度银行本票业务对比表

单位：%、个百分点

地区	2012年第二季度		2011年第二季度		同比变动	
	笔数占比	金额占比	笔数占比	金额占比	笔数占比	金额占比
上海	11.7	7.4	13.6	8.1	-1.9	-0.7
江苏	39.3	34.2	38.0	33.5	1.3	0.7
浙江	47.1	55.6	46.5	55.5	0.6	0.1
其他地区	1.9	2.8	1.9	2.9	0	-0.1

（二）银行卡

1. 银行卡发卡

银行卡发卡机构继续增加。截至2012年第二季度末，加入银联网络的成员机构共有336家，较第一季度末增加12家。其中，境内成员机构264家，境外成员机构72家。

银行卡发卡量持续增长，信用卡发卡量突破3亿张。截至第二季度末，全国发行银行卡322 484.99万张（如图18），同比增长20.6%，增速较上年同期加快2.6个百分点；较第一季度末增加12 237.30万张，增长3.9%。其中，借记卡发卡量为292 263.95万张，环比增长3.9%，同比增长20.9%，增速较上年同期加快3.5个百分点；信用卡发卡量为30 221.04万张，环比增长4.0%，同比增长17.4%，增速较上年同期放缓6.9个百分点（如图19）。

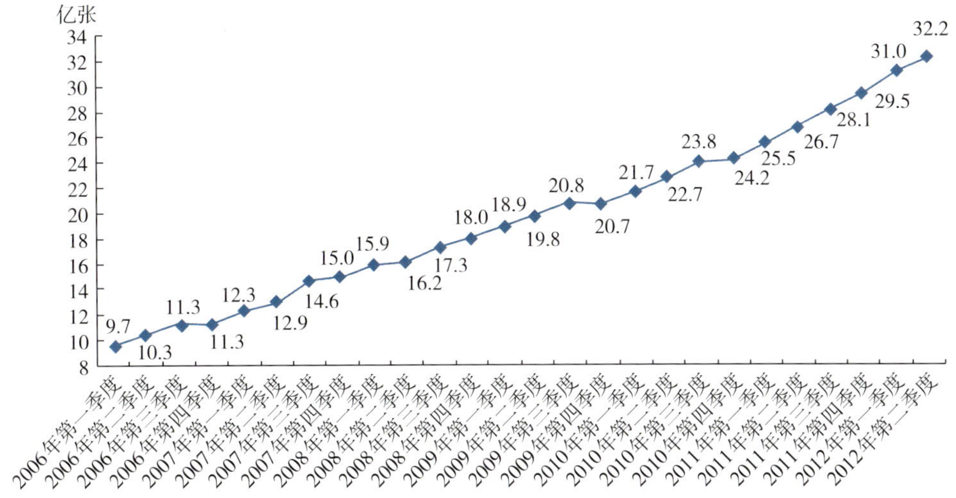

图 18　2006 年第一季度以来银行卡季末存量变动趋势图

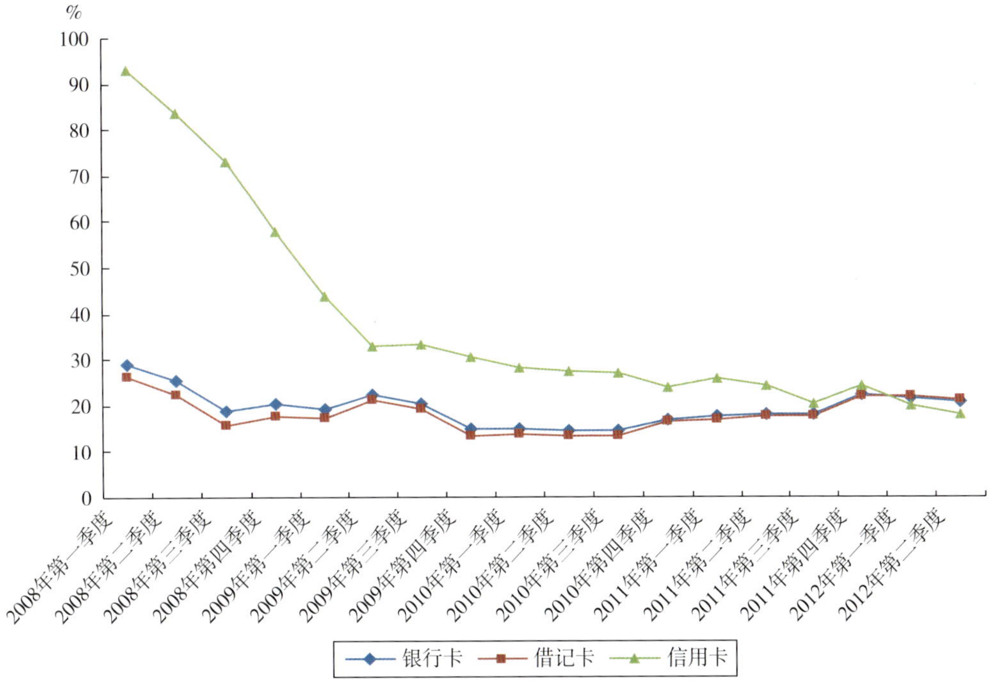

图 19　2008 年第一季度以来银行卡、借记卡、信用卡同比增幅变动示意图

借记卡发卡量仍占绝对优势，信用卡发卡量占比环比持平。截至第二季度末，借记卡占银行卡发卡量的 90.6%，占比较上年同期上升 0.2 个百分点。借记卡发卡量与信用卡发卡量之间的比例约为 9.67:1，与第一季度相等，信用卡发卡量占比环比持平（如图 20）。

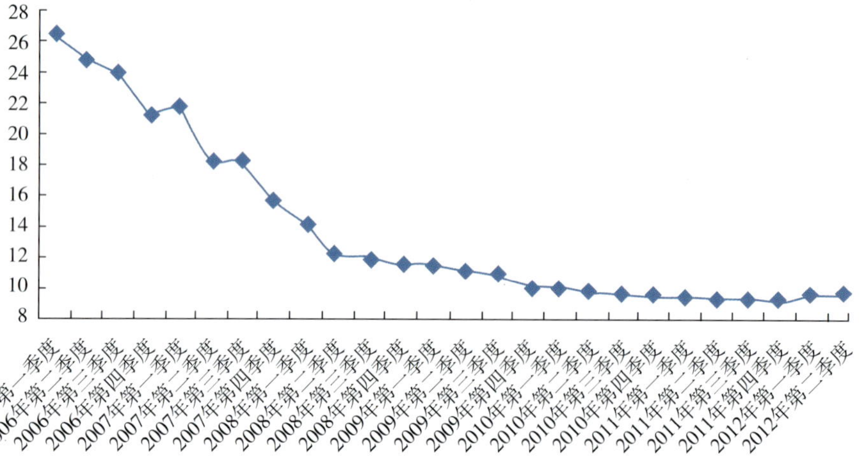

图 20　2006 年第一季度以来借记卡与信用卡发卡季末存量比例变动示意图

国有商业银行、股份制商业银行和中国邮政储蓄银行发卡市场份额同比略有下降，农村商业银行和农村信用社发卡市场份额同比略有上升。截至第二季度末，国有商业银行发卡 165 872.36 万张，占银行卡发卡量的 51.5%，占比同比回落 0.5 个百分点；股份制商业银行发卡 47 496.49万张，占银行卡发卡量的 14.7%，占比同比回落 0.9 个百分点；城市商业银行发卡 17 174.17 万张，占银行卡发卡量的5.3%，占比与上年同期持平；中国邮政储蓄银行发卡 54 337.75 万张，占银行卡发卡量的 16.9%，占比同比回落 0.1 个百分点；农村商业银行发卡 14 946.06万张，占银行卡发卡量的4.6%，占比同比上升 0.5 个百分点；农村信用社发卡 22 529.49 万张，占银行卡发卡量的 7.0%，占比同比上升 1.0 个百分点（如图 21、图 22）。

信用卡发卡市场集中度依然较高，国有商业银行信用卡发卡市场份额略有下降，股份制银行信用卡发卡市场份额保持不变。截至第二季度末，国有商业银行信用卡发卡 17 902.75 万张，同比增长 15.9%，占全国信用卡发卡总量的 59.2%，占比同比下降 0.8 个百分点，环比下降 0.4 个百分点；股份制商业银行信用卡发卡 10 659.76 万张，同比增长 17.4%，占全国信用卡发卡总量的 35.3%，占比同比保持不变，环比下降 0.1 个百分点。截至第二季度末，信用卡发卡量居前 5 位银行的信用

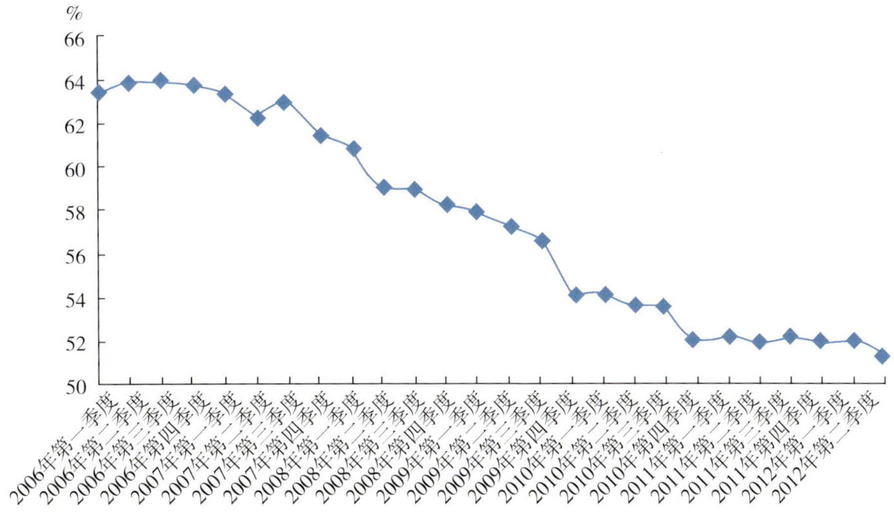

图 21　2006 年第一季度以来国有商业银行发卡量占比变动示意图

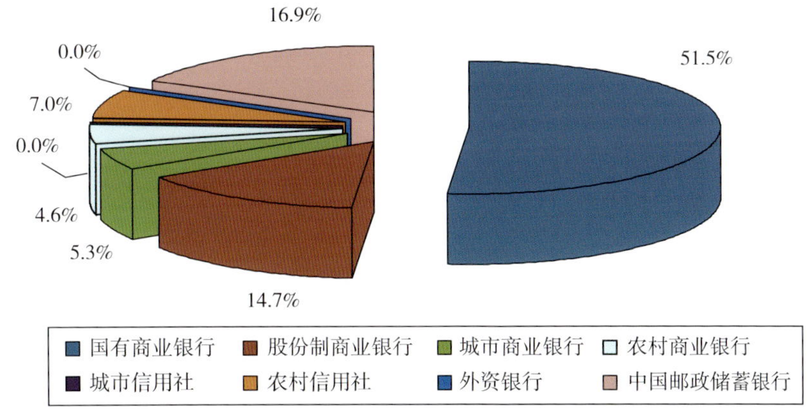

图 22　2012 年第二季度末行别间发卡量占比示意图

卡发卡量 20 211.09 万张，占全国信用卡发卡总量的 66.9%，较第一季度下降 0.1 个百分点，信用卡发卡市场集中度依然较高（如图 23）。

经济较发达地区银行卡人均拥有量①**依然维持在较高水平。**截至第二季度末，全国人均②银行卡拥有量为 2.42 张，其中，超过 3 张的省（市）为北京、天津、上海、广东、浙江、福建和江苏，人均银行卡拥

① 各省（市、自治区）人口数据来源于国家统计局《2010 年第六次全国人口普查主要数据公报（第 2 号）》，下同。

② 全国数据来源于国家统计局《2010 年第六次全国人口普查主要数据公报（第 1 号）》，下同。

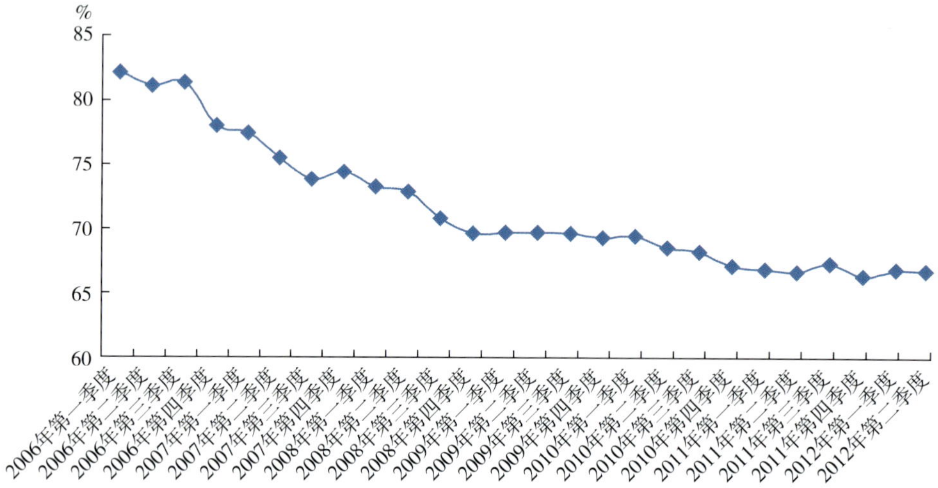

图 23　2006 年第一季度以来信用卡发卡市场集中度示意图

有量分别为 7.38 张、6.56 张、5.50 张、3.94 张、3.77 张、3.45 张和 3.29 张，远高于全国平均水平；云南和西藏人均拥有量分别为 1.28 张和 0.75 张，居全国后两位（如图 24）。

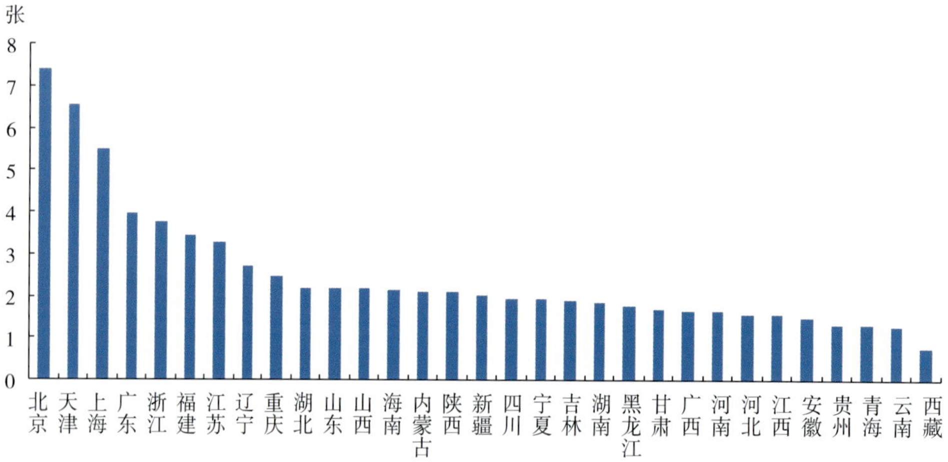

图 24　2012 年第二季度末全国各省（市、自治区）银行卡人均拥有量对比图

信用卡人均拥有量地区间差异较大。截至第二季度末，全国人均信用卡拥有量为 0.24 张。从各省（市、自治区）具体情况来看，北京、上海信用卡人均拥有量大于 1.00 张，远高于全国平均水平（见表 4），而西藏自治区信用卡人均拥有量仍小于 0.05 张。

表 4　2012 年第二季度末我国部分地区人均信用卡拥有量统计表

单位：万张、张/人

地区	信用卡累计发卡量	信用卡人均拥有量
北京	2 642. 31	1. 35
上海	2 495. 91	1. 08
天津	707. 28	0. 55
浙江	2 593. 33	0. 48
广东	4 199. 65	0. 40
福建	1 249. 36	0. 34

2. 银行卡受理

截至2012 年第二季度末，银行卡跨行支付系统联网商户 388. 25 万户，联网 POS 机具 594. 09 万台，ATM37. 30 万台，较第一季度末分别增加 41. 54 万户、67. 96 万台和 1. 90 万台（如图 25）。

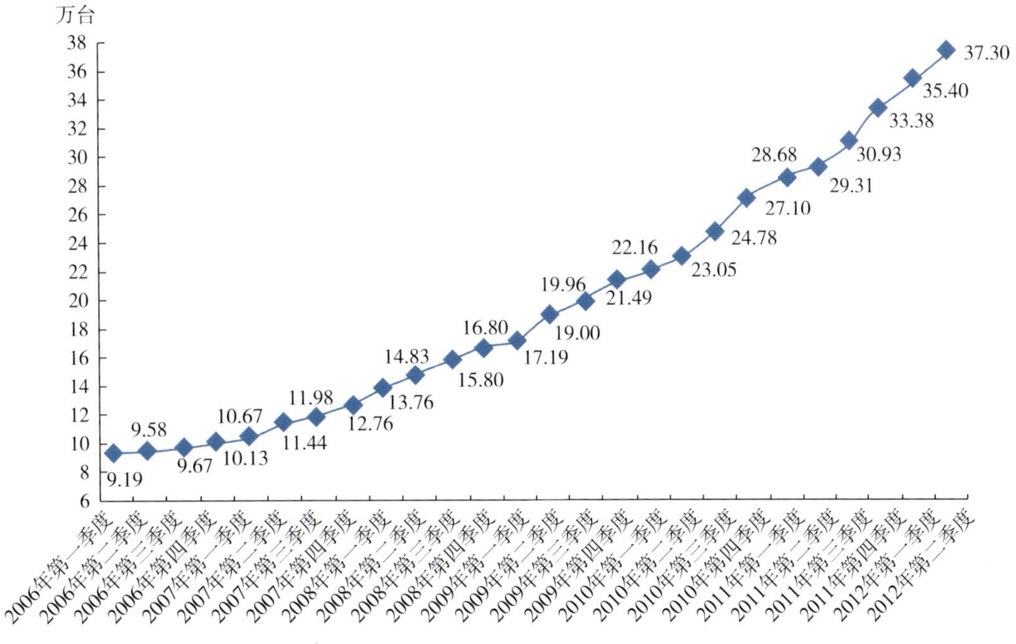

图 25　2006 年第一季度以来全国 ATM 终端布放情况示意图

银行卡受理环境不断改善。截至第二季度末，我国每台 ATM 对应的银行卡数量为 8 646 张，同比减少 5. 2%；每台 POS 对应的银行卡数量为 543 张，同比减少 19. 2%（如图 26）。近年来，我国银行卡受理市场建设成效显著，每台 ATM 和 POS 对应的银行卡数量不断减少，但与发达国家[①]相比依然存在不小差距（见表5）。

表5　部分国家银行卡受理市场统计表

	德国	法国	意大利	俄罗斯	新加坡	中国
银行卡累计发卡量（万张）	13 902.1	10 128.4	8 358.0	14 441.9	3 568.0	322 484.99
ATM（万台）	8.7	5.6	5.1	11.6	0.2	37.30
POS（万台）	67.8	142.7	149.7	43.5	9.9	594.09
银行卡数量/ATM（台）	1 598	1 809	1 627	1 245	17 840	8 646
银行卡数量/POS（台）	205	71	56	332	360	543

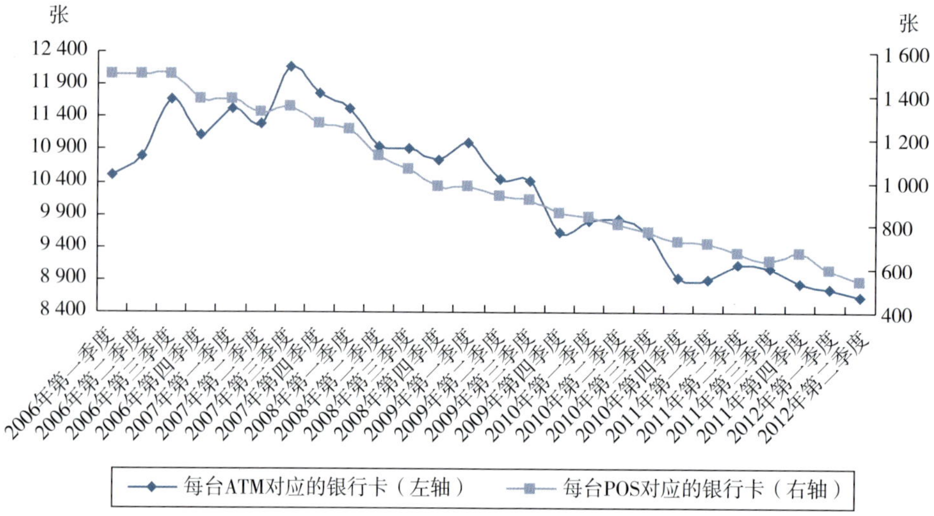

图26　2006年第一季度以来我国每台POS、ATM对应的银行卡数量示意图

银行卡受理环境持续改善，全国每万人对应ATM数量快速增长。截至第二季度末，全国平均每万人对应ATM数量为2.80台，同比增长27.8%。其中北京、上海、浙江、福建和广东名列前五名，每万人对应ATM数量分别为8.10台、6.75台、5.56台、4.67台和4.44台（如图27）。

3. 银行卡业务

银行卡业务笔数增速加快，金额增速放缓。第二季度，全国共发生银行卡业务947 078.08万笔，同比增长22.9%，增速较上年同期加快

① 其他国家数据来自BIS报告 *Statistics on payment and settlement systems in selected countries* 2010，均为2010年数据，下同。

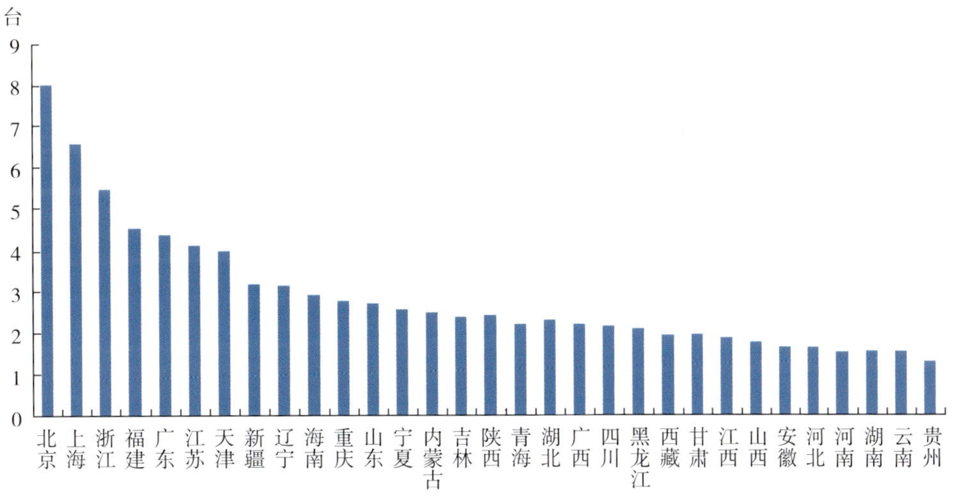

图 27　2012 年第二季度我国各省（市、自治区）每万人对应 ATM 数量对比图

2.2 个百分点；金额 826 154.61 亿元，同比增长 6.5%，增速较上年同期放缓 27.4 个百分点。第二季度日均发生银行卡业务 10 407.45 万笔，金额 9 078.62 亿元[①]，笔数环比增长 10.4%，金额环比下降 1.7%（如图 28）。

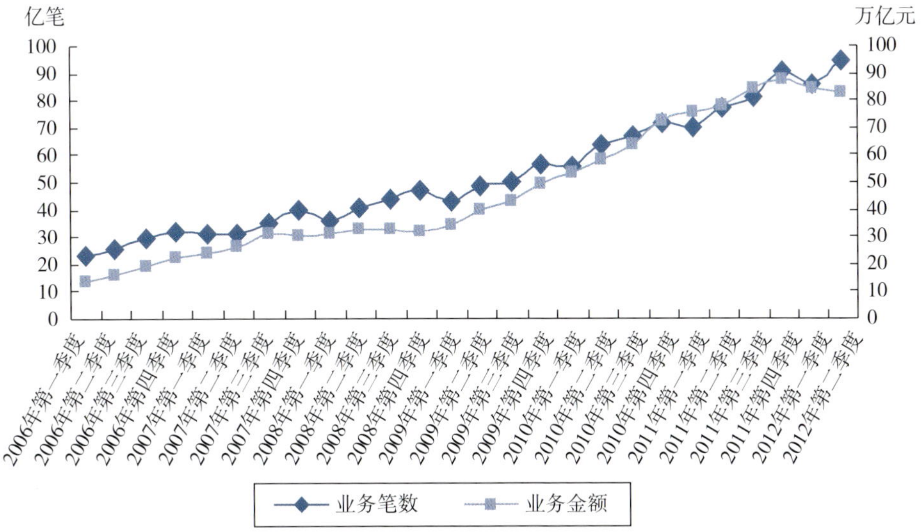

图 28　2006 年第一季度以来银行卡业务量变动示意图

各类银行卡业务笔数保持增长态势，金额同比增速放缓。第二季

① 2012 年第二季度 91 个自然日，此处按自然日计算。

度，银行卡存现业务 167 022. 60 万笔，金额 139 402. 63 亿元，同比分别增长 22. 1% 和 4. 4%，笔数增速较上年同期加快 2. 0 个百分点，金额增速较上年同期放缓 21. 1 个百分点；银行卡取现业务 400 674. 86 万笔，金额 146 561. 92 亿元，笔数同比增长 15. 6%，金额同比下降 1. 4%，笔数增速与上年同期持平，金额增速较上年同期放缓 25. 9 个百分点；银行卡消费业务 209 043. 16 万笔，金额 48 229. 58 亿元，同比分别增长 38. 2% 和 32. 6%，笔数增速较上年同期加快 8. 4 个百分点，金额增速较上年同期回落 20. 7 个百分点；银行卡转账业务 170 337. 46 万笔，金额 491 960. 48 亿元，同比分别增长 25. 3% 和 7. 7%，增速较上年同期分别放缓 0. 5 个百分点和 31. 0 个百分点（如图 29）。

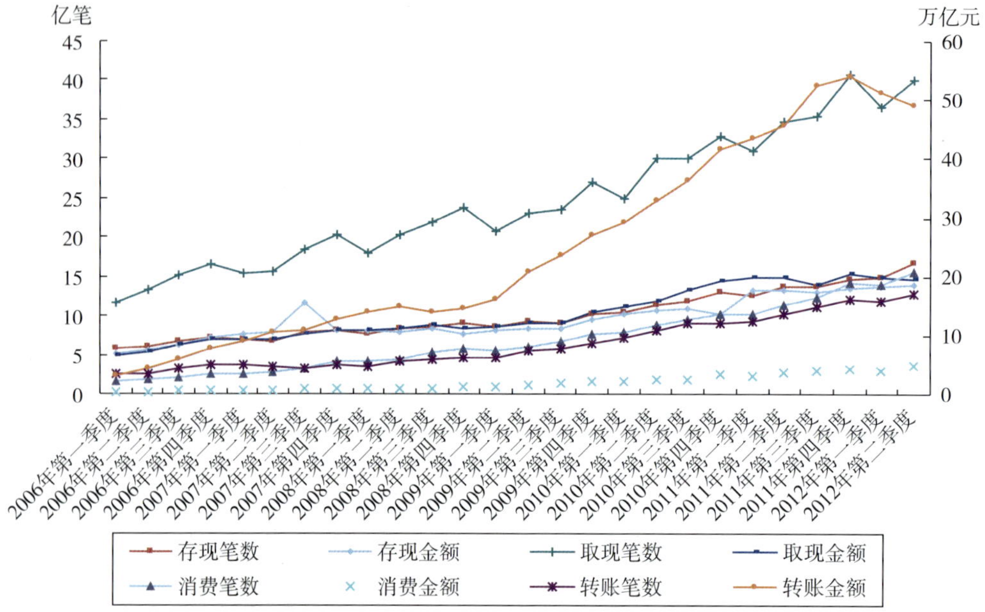

图 29　2006 年第一季度以来银行存取现、消费、转账笔数和金额变动示意图

银行卡存现、取现业务占比同比小幅下降，消费、转账业务占比同比略有上升。第二季度，银行卡存现、取现业务合计笔数、金额占银行卡业务总量的 59. 9% 和 34. 6%，笔数和金额占比同比分别回落 2. 9 个百分点和 1. 8 个百分点。银行卡消费业务笔数、金额分别占银行卡业务总量的 22. 1% 和 5. 8%，占比同比分别上升 2. 5 个百分点和 1. 1 个百分点。银行卡转账业务笔数、金额占银行卡业务量的 18. 0% 和 59. 6%，占比同

比分别上升0.4个百分点和0.7个百分点（如图30、图31）。随着银行卡受理市场建设的深入，银行卡的应用范围不断延伸，银行卡消费、转账功能将进一步拓展。

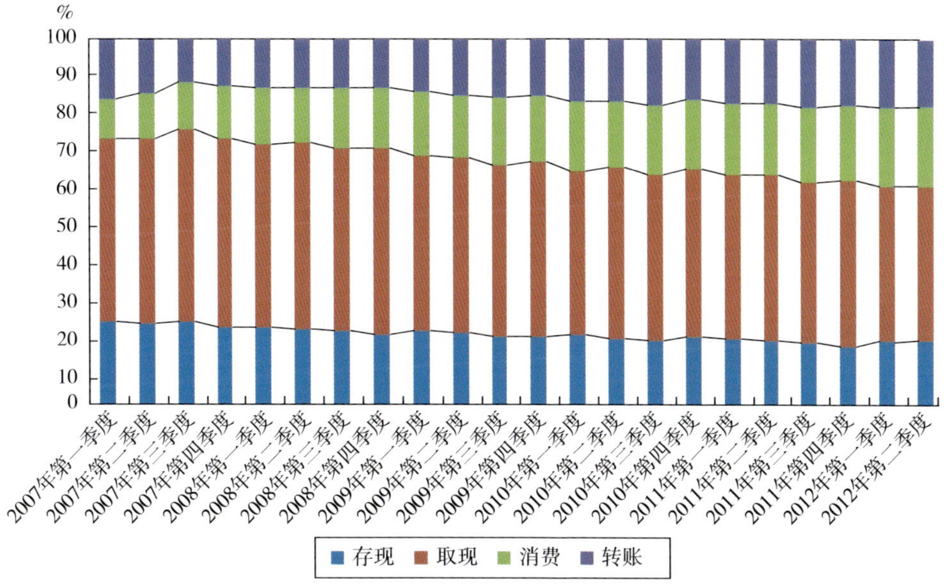

图30　2007年第一季度以来银行卡业务笔数占比变动示意图

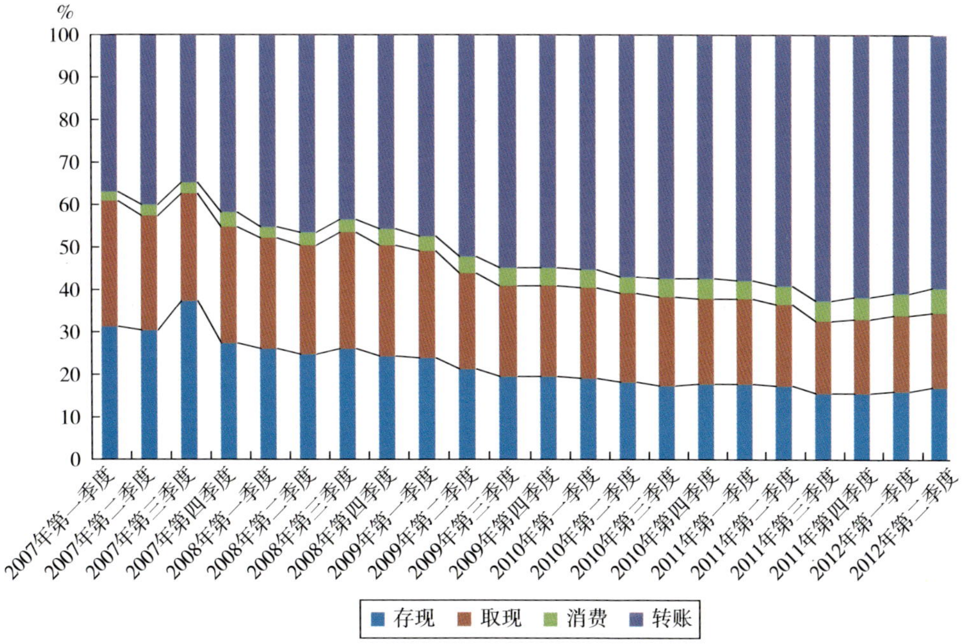

图31　2007年第一季度以来银行卡业务金额占比变动示意图

银行卡消费业务同比快速增长，银行卡渗透率持续提高。第二季度，银行卡消费业务 209 043.16 万笔，金额 48 229.58 亿元，同比分别增长 38.2% 和 32.6%（如图 32）。第二季度全国社会消费品零售总额 48 903.00亿元，同比减少 0.8%。银行卡渗透率达到 42.7%，较上年同期上升 3.0 个百分点。银行卡消费在促进消费增长、推动国民经济发展中发挥的作用日益显著。

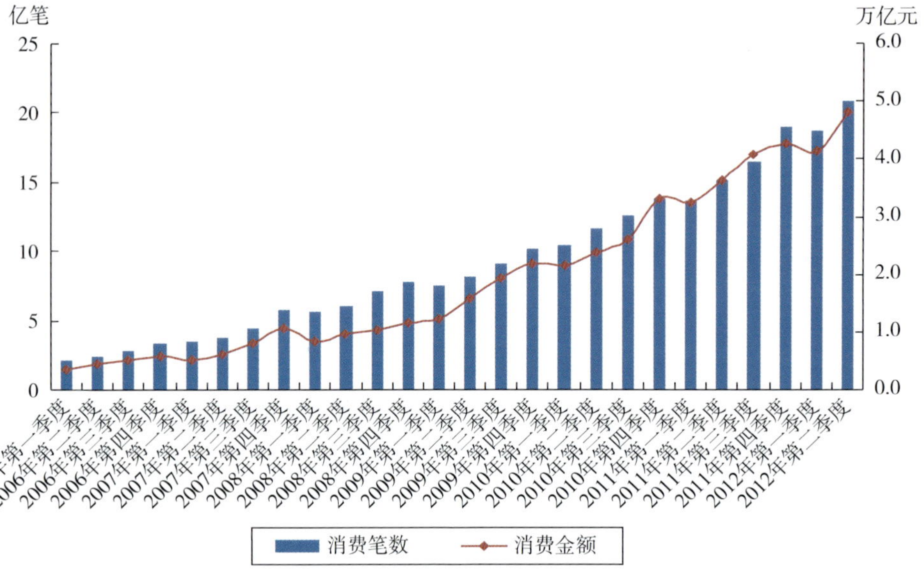

图 32　2006 年第一季度以来银行卡业务消费笔数、金额变动示意图

银行卡卡均消费金额同比持续增长，笔均消费金额同比小幅下降，卡均、笔均消费金额环比均有增长。第二季度，全国银行卡卡均消费金额为 1 495.56 元，同比增长 10.0%，笔均消费金额 2 307.16 元，同比下降 4.0%。卡均、笔均消费金额环比分别上升 12.0% 和 3.9%（如图 33）。

全国人均银行卡消费金额同比增长较快，北京、上海两地人均银行卡消费金额均超过 1 万元。第二季度，全国人均银行卡消费金额 3 618.73元，同比增长 41.3%。其中，北京、上海、浙江、福建、天津、广东、江苏、河南等 8 个省（市）人均银行卡消费金额高于全国平均水平，分别达到 14 021.67 元、11 922.22 元、9 377.61 元、6 029.60 元、5 957.90元、5 268.61 元、5 221.16 元和 3 953.12 元（如图 34）。

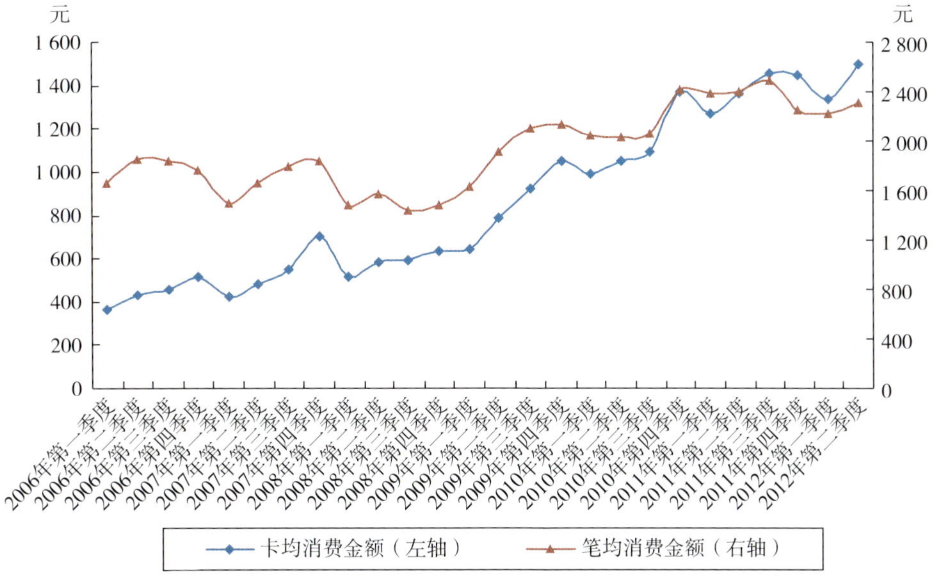

图 33　2006 年第一季度以来全国卡均消费金额、笔均消费金额变动示意图

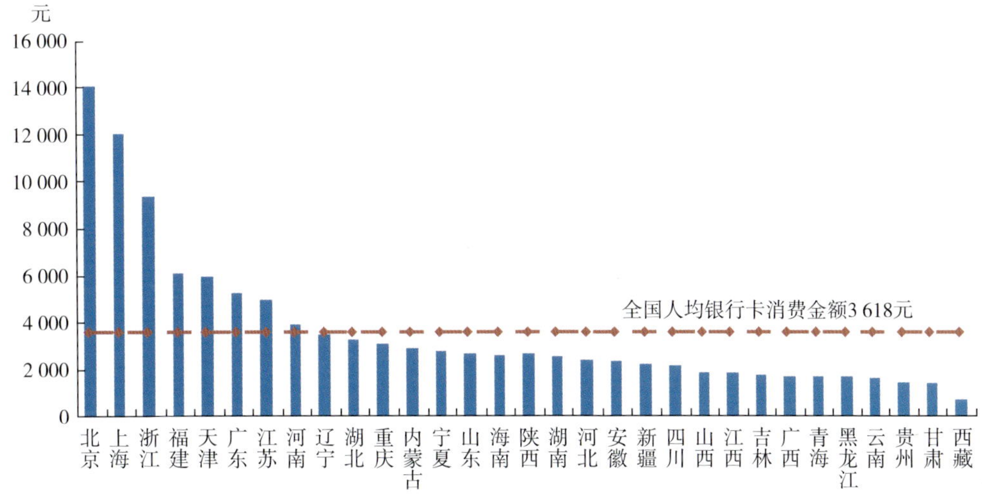

图 34　2012 年第二季度我国各省（市、自治区）人均银行卡消费金额示意图

银行卡跨行消费业务量持续增长，但占银行卡消费业务量的比例略有下降。第二季度，银行卡跨行消费业务 133 715.73 万笔，金额 38 550.97亿元，同比分别增长 22.6% 和 29.8%，分别占银行卡消费业务量的 64.0% 和 79.9%，占比同比分别下降 8.1 个百分点和 1.8 个百分点（如图 35）。

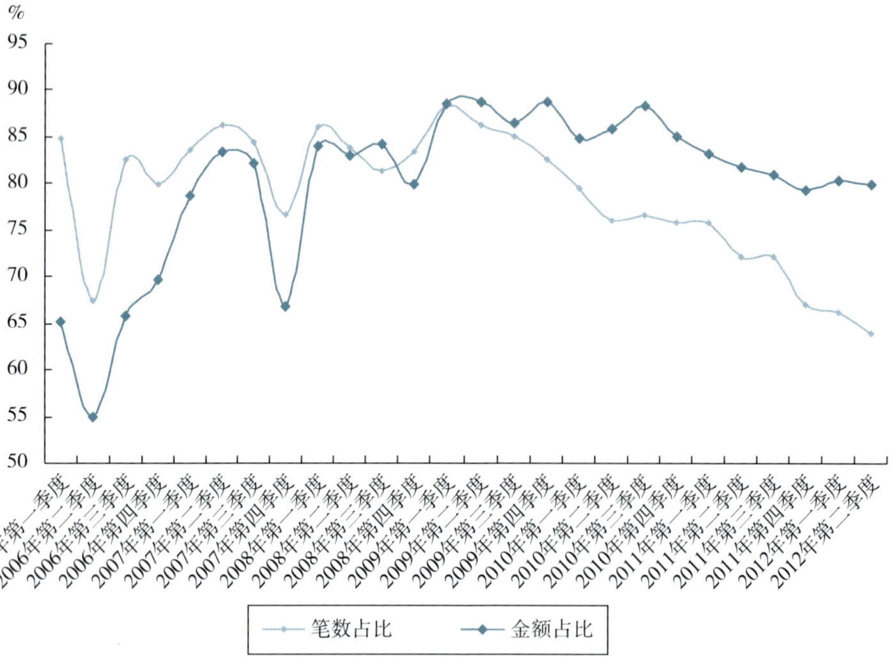

图35　2006年第一季度以来银行卡跨行消费交易占银行卡消费交易示意图

专栏2　银行卡消费与地方经济增长的相关性实证分析——以新疆为例

银行卡的消费信贷功能和现金替代效应能够有效促进消费，拉动经济增长，这一点在发达国家的经验中得到了验证：根据欧美国家的统计分析：银行卡渗透率每提高10%，则能拉动GDP增长0.5%～0.8%。近些年来，新疆银行卡产业发展迅速，银行卡消费日益增长，通过对新疆银行卡消费与经济增长指标进行相关性分析，为进一步发挥银行卡消费对于地方经济的拉动效应，提出相关建议提供了参考依据。

一、新疆银行卡消费现状

新疆银行卡产业自20世纪90年代初开始起步，经过20多年的发展，发卡机构、收单机构、专业化服务机构等逐渐成长和壮大，银行卡已成为广大居民的主要支付工具。截至2011年年末，新疆全区银行卡期末数量共计3 969.46万张，占全国总数的1.6%，人均拥有银行卡数量1.4张。借记卡累计发行3 769.95万张，信用卡199.51万张。2011年，新疆银行卡消费6 519.2万笔，金额1 511.03亿元，同比分别增长29.62%和44.07%，卡均消费和笔均消费分别为 3 806.63 元和 2 317.82 元，银行卡渗透率为 20.54%。

专栏表 1　新疆历年银行卡消费

	消费笔数（万笔）	消费金额（亿元）	卡均消费（元）	笔均消费（元）	银行卡渗透率（%）
2006 年	918.92	122.74	665.46	1 335.7	9.27
2007 年	1 382.43	210.18	1 149.52	1 520.37	9.43
2008 年	2 347.97	312.12	1 673.71	1 329.34	9.06
2009 年	3 158.32	590.37	2 836.2	1 869.25	14.31
2010 年	5 029.2	1 048.84	3 770.65	2 085.5	20.23
2011 年	6 519.2	1 151.03	3 806.63	2 317.82	20.54

数据来源：根据 2006—2010 年新疆支付业务报表以及相关年份《新疆统计年鉴》整理。

二、影响新疆银行卡消费市场发展的主要因素

一是银行卡应用市场未充分拓展。2011 年，新疆银行卡渗透率为 20.54%，低于全国平均 38.6% 的水平，在很大程度上新疆银行卡未完全发挥银行卡对于刺激消费的作用，银行卡在便民支付服务领域的应用未得到充分拓展。二是城乡银行卡受理环境发展不平衡。新疆地区差距和城乡差距较大，导致了银行卡支付在城市发展迅速，在农村地区进展缓慢，从而极大制约了新疆银行卡市场的整体发展。目前，新疆农村人口比重为 60.15%，而农村地区 POS 终端布放比例仅为 18.71%，且多布放在乡镇地区和人口较稠密的中心村庄或团场，极大限制了农村地区银行卡的应用。三是银行卡支付使用率偏低。新疆人均银行卡数量仅为 1.4 张，低于全国平均水平的 2.2 张，同时由于新疆少数民族众多，受传统观念以及支付习惯的影响，许多地区支付结算方式仍以现金为主，农牧区银行卡支付工具使用率偏低。

三、新疆银行卡消费与地方经济增长的相关性分析

（一）理论原理

由于在实证研究过程中缺乏足够的样本，为了克服上述缺陷，本文采用中国学者邓聚龙教授提出的灰色系统理论（Greytheory）中分析复杂系统因素的方法——灰色关联分析。

灰色关联分析能很好地克服数理统计方法追求大样本和数据需服从典型分

布等固有弱点和强假设。关联度就是用来衡量关联性的程度，描述系统发展过程中因素间的相关程度。

设有 m 个时间序列：

$$\{X_1^{(0)}(t)\},\{X_2^{(0)}(t)\},\cdots,\{X_m^{(0)}(t)\},t=(1,2,\cdots,n)$$

n 为各序列的长度即数据个数，这 m 个序列代表 m 个因素（变量）。另设定时间序列：

$$\{X_0^{(0)}(t)\},t=(1,2,\cdots,n)$$

该时间序列称为母序列，而上述 m 个时间序列为子序列。关联度是两个序列关联性大小的度量，根据这一观点，可给关联度一个量化模型，其计算方法与步骤具体叙述如下：

（a）将样本无量纲化处理，

（b）计算关联系数：

$$L_{oi}(k)=\frac{\Delta_{\min}+\rho\Delta_{\max}}{\Delta_{oi}(k)+\rho\Delta_{\max}}$$

式中 $\Delta_{Oi}(k)$ 表示 k 时刻两比较序列的绝对差，$\Delta_{\max}$ 和 $\Delta_{\min}$ 表示所有比较序列各个时刻绝对差中的最大值与最小值，ρ 为分辨系数，一般情况下取0.5。

（c）求关联度：

$$r_{oi}=\frac{1}{N}\sum_{k=1}^{N}L_{oi}(k)$$

r_{oi} 表示关联度，其值越大，表示两序列发展趋势越相似，相关程度越高，评价结果越好。反之则相反。

（二）指标选取

鉴于数据的可得性，本文采用2006—2011年新疆银行卡渗透率与经济增长指标采用实际增长率做相关性分析。数据通过相关年份银行卡支付业务报表以及《新疆统计年鉴》计算或直接获得。

（三）实证分析

1. 新疆银行卡消费与GDP增长率及主要消费行业收入增长率相关性分析

原始指标数据见专栏表2。

专栏表 2 新疆历年银行卡渗透率与 GDP 增长率

	银行卡消费（亿元）	银行卡渗透率（%）	GDP 增长率（%）
2006 年	122.74	9.27	11
2007 年	210.18	9.43	12.2
2008 年	312.12	9.06	11
2009 年	590.37	14.31	8.1
2010 年	1 048.84	20.23	10.6
2011 年	1 511.03	20.54	12

数据来源：根据 2006—2010 年新疆支付业务报表以及相关年份《新疆统计年鉴》整理。

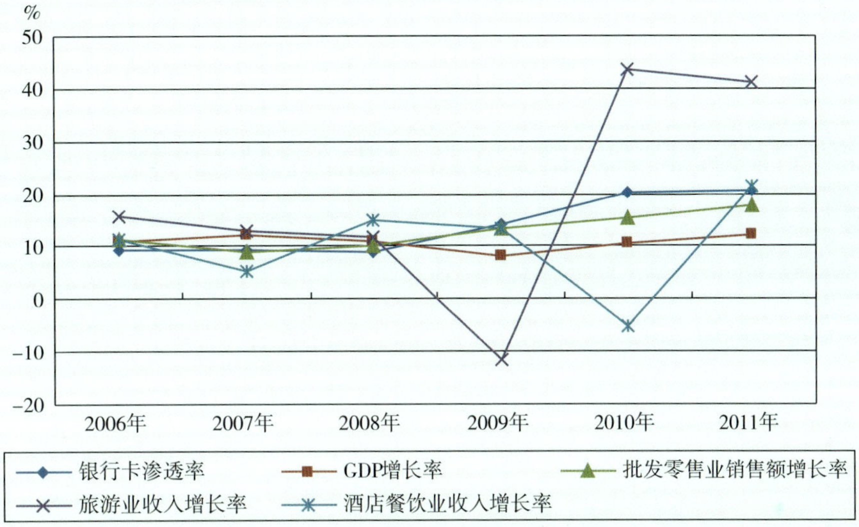

专栏图 1 新疆银行卡渗透率与 GDP 增长率

计算结果如下表：

专栏表 3 新疆银行卡渗透率与主要消费行业收入增长率灰色关联系数

	GDP 增长率	批发零售业销售额增长率	旅游业收入增长率	酒店餐饮业收入增长率
银行卡渗透率	0.33	0.45	0.16	0.18

2. 结论

从整体来看，新疆银行卡渗透率与各增长率指标之间灰色关联系数还位于较低水平。这说明，目前新疆银行卡消费对于拉动新疆经济增长的作用和能力还显不足。分行业来看新疆批发零售业与银行卡消费关联系数达到了 0.45，为三个行业最高，这与批发零售业销售额占社会商品零售总额的绝大部分有较大关系。旅游业与酒店餐饮业则在 2009 年、2010 年间出现波动，对结果产生了较大影响。

（中国人民银行乌鲁木齐中心支行支付结算处供稿）

农民工银行卡特色服务业务量持续快速增长。截至第二季度末，贵州、湖南等26个省（市、自治区）辖内6.44万个县及县以下的农村合作金融机构营业网点、全国31个省（市、自治区）辖内2.52万个县及县以下的中国邮政储蓄银行营业网点开通了农民工银行卡特色服务受理方业务。第二季度，农民工银行卡特色服务取款业务396.83万笔，金额43.29亿元，分别较上年同期增长11.9%和11.3%。其中，中国邮政储蓄银行共办理农民工银行卡特色服务取款业务50.60万笔，业务金额5.49亿元，占农民工银行卡特色服务取款业务的12.8%和12.7%。

信用卡授信总额保持增长态势，信用卡期末应偿信贷总额（信用卡透支余额）同比、环比均有所增加。截至第二季度末，信用卡授信总额29 917.53亿元，同比增长30.1%，较第一季度末增加2 055.45亿元，增长7.4%；期末应偿信贷总额8 612.12亿元，同比增长47.2%，较第一季度末增加1 091.25亿元，增长14.5%（如图36）。

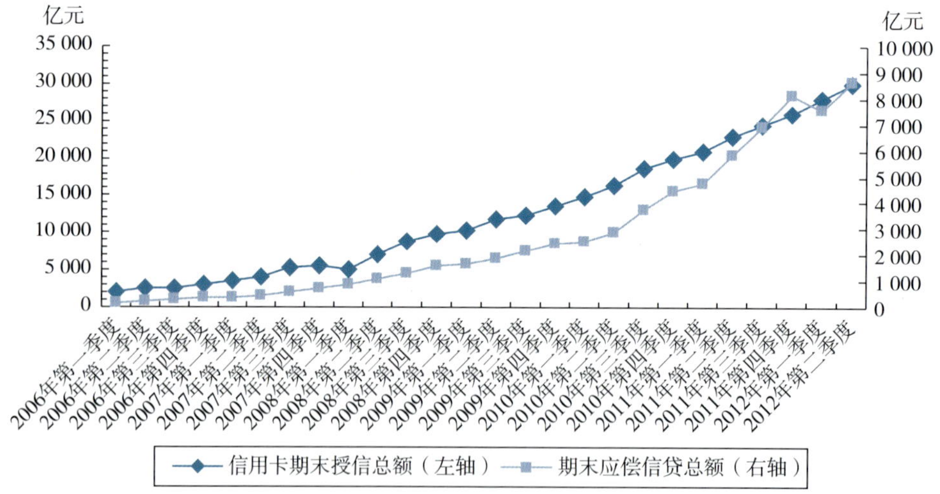

图36　2006年第一季度以来信用卡期末授信总额、期末应偿信贷总额趋势图

信用卡逾期半年未偿信贷总额小幅增长，占期末应偿信贷总额比例略有下降；国有商业银行信用卡逾期半年未偿信贷总额占比与第一季度持平，股份制商业银行、城市商业银行信用卡逾期半年未偿信贷总额占

比均小幅下降。截至第二季度末，信用卡逾期半年未偿信贷总额132.66亿元，较第一季度末增加12.31亿元，增长10.2%；信用卡逾期半年未偿信贷总额占期末应偿信贷总额的1.5%，占比较第一季度下降0.1个百分点（如图37）。第二季度，国有商业银行信用卡逾期半年未偿信贷总额占期末应偿信贷总额的1.1%，占比与第一季度持平；股份制商业银行和城市商业银行信用卡逾期半年未偿信贷总额占期末应偿信贷总额分别为2.2%和1.1%，占比均较第一季度下降0.2个百分点。

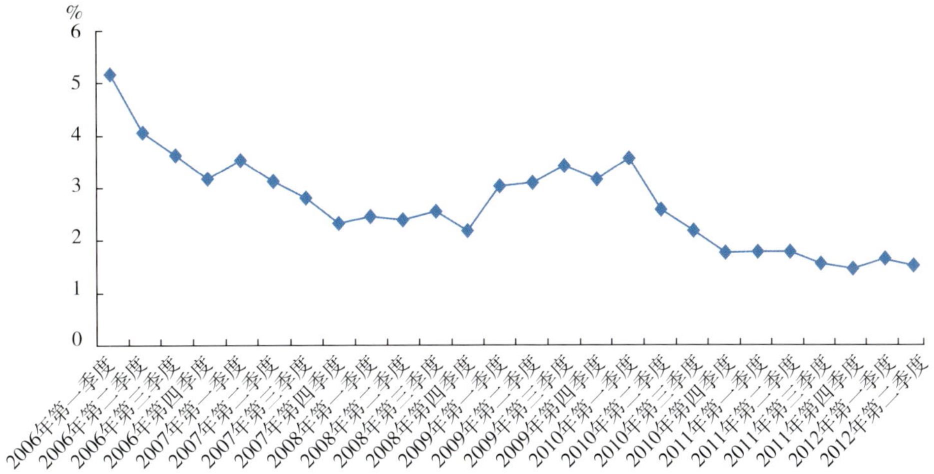

图37　2006年第一季度以来信用卡逾期半年未偿信贷总额占期末应偿信贷总额比例趋势图

（三）结算方式

汇兑、委托收款等其他业务保持快速增长。第二季度，全国共发生汇兑、委托收款等其他业务35 053.21万笔，金额1 513 998.77亿元，同比分别增长19.4%和31.4%，增速较上年同期分别加快4.9个百分点和0.5个百分点。其中，汇兑业务34 204.74万笔，金额1 479 606.05亿元，同比分别增长19.8%和31.9%，笔数增速较上年同期加快5.4个百分点，金额增速与上年同期持平（如图38）。

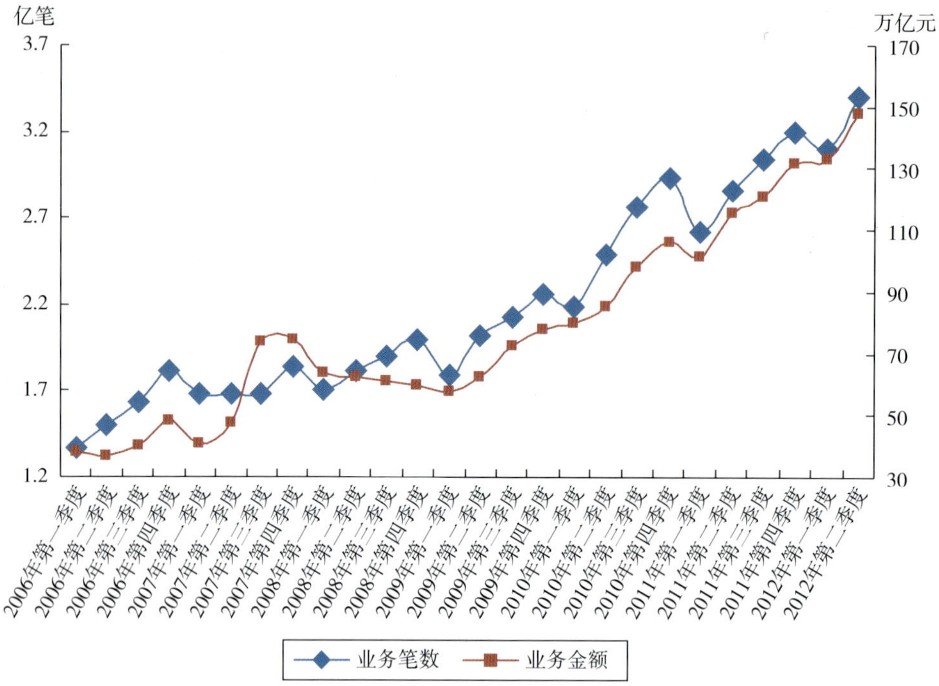

图 38　2006 年第一季度以来汇兑业务交易量季度变动趋势图

二、支付系统

第二季度，支付系统平稳、高效运行，处理的支付业务总金额突破 600 万亿元。

第二季度，支付系统①共处理支付业务 459 856.76 万笔，金额 6 240 358.54亿元，同比分别增长 24.6% 和 27.9%，笔数增速较上年同期放缓 13.8 个百分点，金额增速较上年同期加快 0.8 个百分点；笔数环比增长 7.7%，增速较第一季度加快 8.1 个百分点，金额环比增长 13.8%，增速较第一季度加快 10.7 个百分点（如图 39、见表 6）。

① 支付系统包含大额实时支付系统、小额批量支付系统、同城票据清算系统、境内外币支付系统、网上支付跨行清算系统、银行业金融机构行内支付系统、银行卡跨行支付系统等 7 个系统。

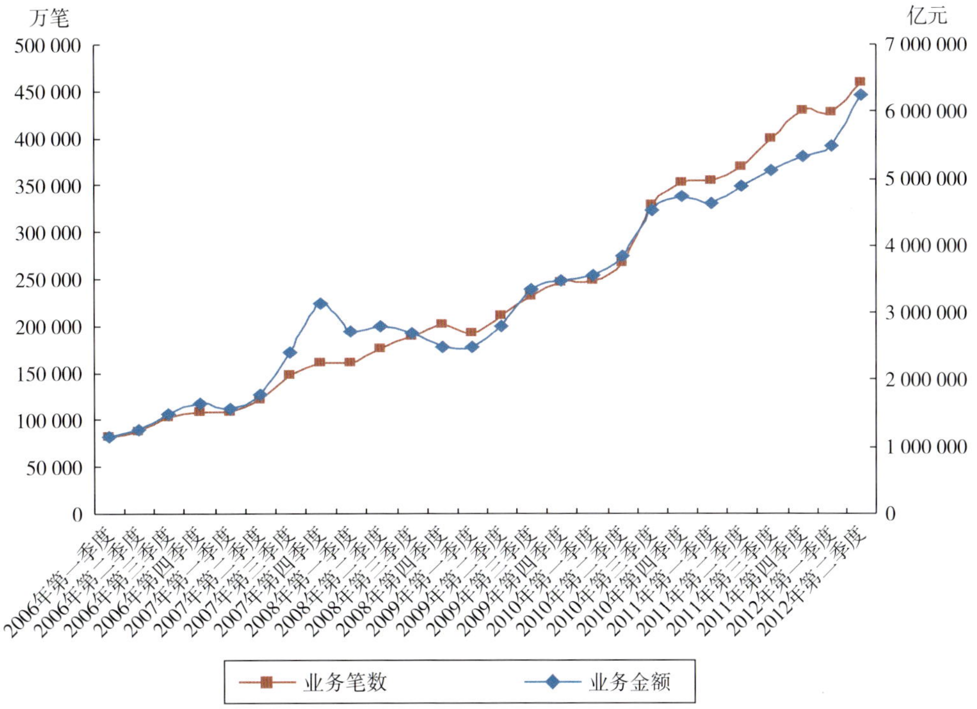

图 39　2006 年第一季度以来支付系统业务量变动趋势图

表 6　2012 年第二季度支付系统业务量统计表

单位：万笔、亿元、%

系统名称	笔数	金额	笔数占比	金额占比
大额实时支付系统	11 179. 34	4 464 143. 97	2. 4	71. 6
小额批量支付系统	17 600. 59	43 777. 61	3. 8	0. 7
同城票据清算系统	9 523. 84	160 753. 48	2. 1	2. 6
境内外币支付系统	27. 58	8 406. 66	0. 0	0. 1
网上支付跨行清算系统	5 687. 85	7 649. 71	1. 2	0. 1
银行业金融机构行内支付系统	214 398. 50	1 509 291. 71	46. 7	24. 2
银行卡跨行支付系统	201 439. 06	46 335. 40	43. 8	0. 7
合计	459 856. 76	6 240 358. 53	100. 0	100. 0

省（市、自治区）辖内资金流动量占比较第一季度小幅下降。从支付系统资金往来情况[①]看，第二季度，全国各省（市、自治区）辖内资金流动总量占全国资金流动总量的比例由第一季度的 50. 3% 下降至 49. 5%，共有 17 个省（市、自治区）的辖内资金流动量超过本省（市、自治区）资金流动总量的 50%。辖内资金流动量占比最高的 5 个省依次是贵州、浙

① 包含大额实时支付系统、小额批量支付系统、银行业金融机构行内支付系统等 3 个系统处理的资金交易。

江、云南、山西和山东，上述地区 57.0% 以上的资金流动总量是在辖内完成。辖内资金流动量占比最低的 5 个省（市）是福建、深圳、吉林、天津和上海，依次为 38.3%、40.0%、40.1%、42.3% 和 42.5%（如图 40）。

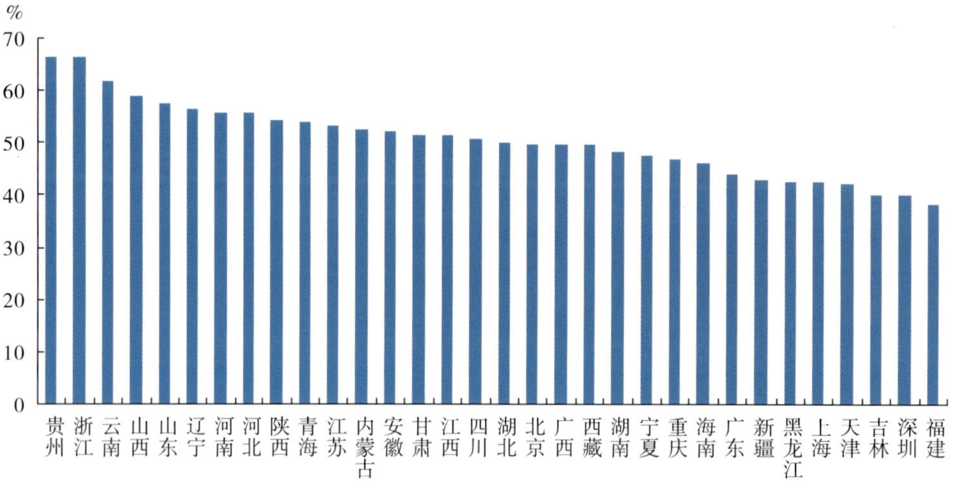

图 40　2012 年第二季度各地区辖内资金业务量占比图

北京、上海和广东[1]三地依然是我国重要的资金集散地，三地资金流动总量占比较第一季度略有上升。

第二季度，处理资金总量最大的三个地区仍然是北京、上海和广东，这三个地区的资金流动总量分别占全国资金流动总量的 32.7%、12.5% 和 11.1%，三地资金流动总量占全国总量的 56.3%（如图 41），占比较第一季度上升 0.4 个百分点。从资金量的变动情况看，北京资金流动总量占比环比上升 1.6 个百分点，上海、广东占比环比分别下降 0.7 个百分点和 0.5 个百分点。

北京、上海分别成为全国最大的资金净流出地和资金净流入地。从第二季度地区间资金[2]流动来看，居全国资金净流入量前五位的地区依次为上海、深圳、广东、天津和福建，资金净流入量分别为 12 285.94 亿元、5 062.57 亿元、2 451.80 亿元、981.95 亿元和 527.85 亿元；居全国资金净流出量前五位的地区依次是北京、湖北、新疆、吉林和江西，

① 含深圳市。

② 包含大额实时支付系统、小额批量支付系统、银行业金融机构行内支付系统转移资金。

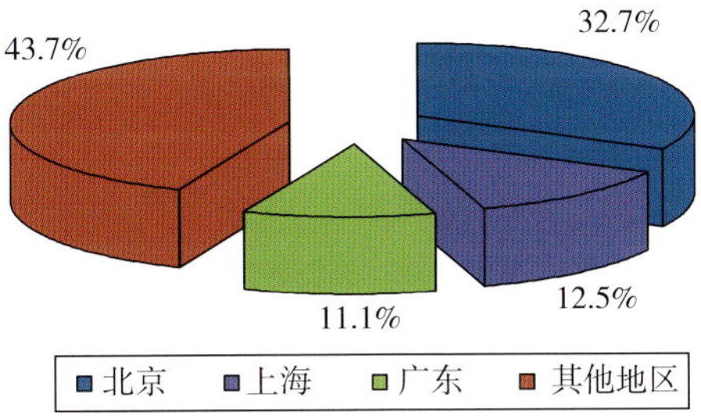

图 41　全国资金流动总量地区间占比示意图

资金净流出量分别为 15 453. 47 亿元、2 720. 29 亿元、1 441. 91 亿元、692. 54 亿元和 620. 85 亿元（如图 42）。第二季度，上海资金净流入量较第一季度增加 8 122. 13 亿元，成为全国最大的资金净流入地。北京资金净流出量较第一季度增加 26 677. 18 亿元，资金净流出量居全国首位。

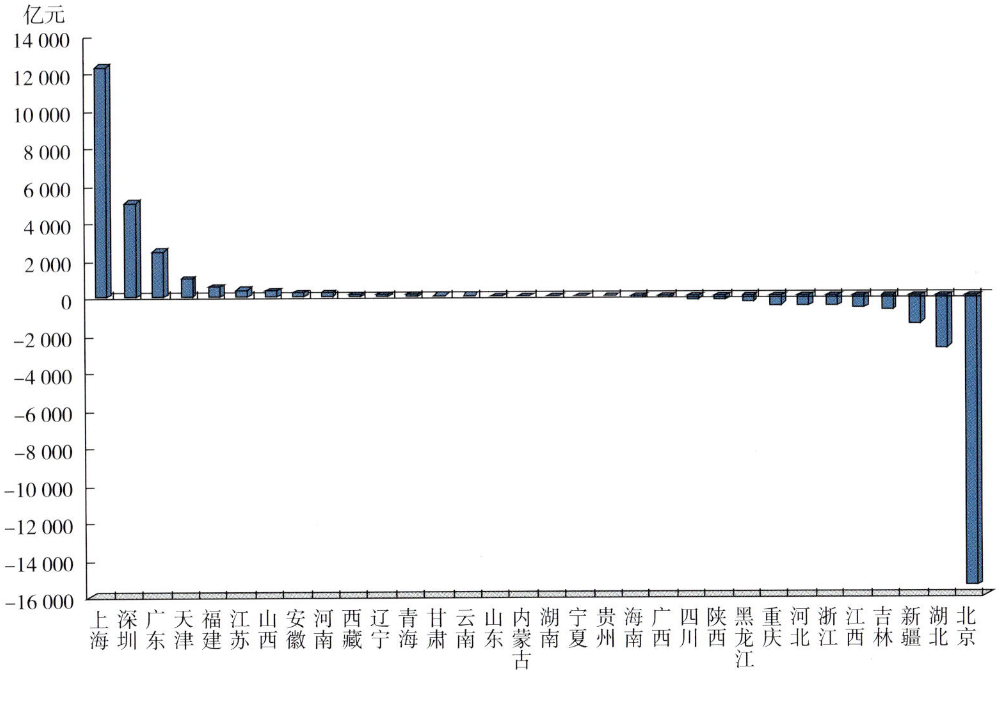

图 42　2012 年第二季度地区间资金流入流出图

（一）大额实时支付系统

大额实时支付系统业务量持续快速增长，日均处理业务量同比大幅

增长。第二季度，大额实时支付系统处理业务 11 179.34 万笔，金额 4 464 143.97亿元，同比分别增长 26.7% 和 32.6%，业务金额是第二季度全国 GDP 总量的 37.48 倍，较第一季度有所上升；日均处理业务 183.27 万笔，金额 73 182.69 亿元[①]，同比分别增长 28.8% 和 34.7%，环比分别增加 19.09 万笔和 11 138.70 亿元。第二季度各月大额实时支付系统处理业务总笔数及日均笔数均超过上年同期规模，业务量持续攀升（如图 43、图 44）。

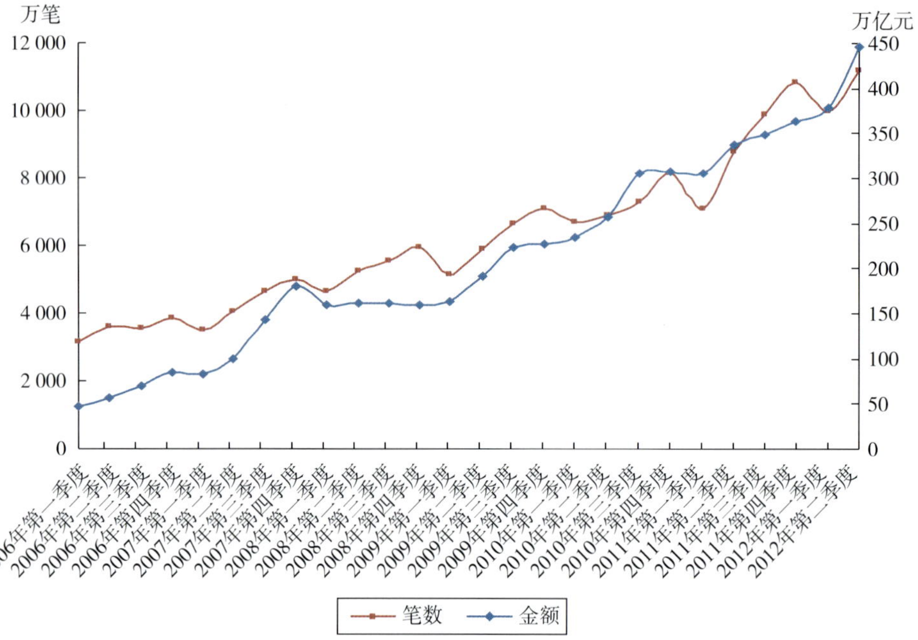

图 43　2006 年第一季度以来大额实时支付系统业务量季度变动趋势图

第二季度，大额实时支付系统完成债券交易结算业务[②]资金清算 10.49 万笔，金额 212 356.19 亿元，环比分别增长 10.0% 和 8.3%，日均 DVP 结算 3 481.25 亿元；完成外汇交易 0.08 万笔，金额 6 842.36 亿元，环比分别下降 15.9% 和 30.2%；完成同业拆借资金 0.47 万笔，环比下降 6.0%；金额 29 783.59 亿元，环比增长 23.1%。

大额实时支付系统业务量地区集中度持续上升。从地区间资金分布

① 2012 年第二季度大额实时支付系统实际运行 61 个工作日，此处按实际运行工作日计算。

② 债券交易结算业务、外汇交易、同业拆借业务数据均来源于中国人民银行支付信息管理系统（PIMS）。

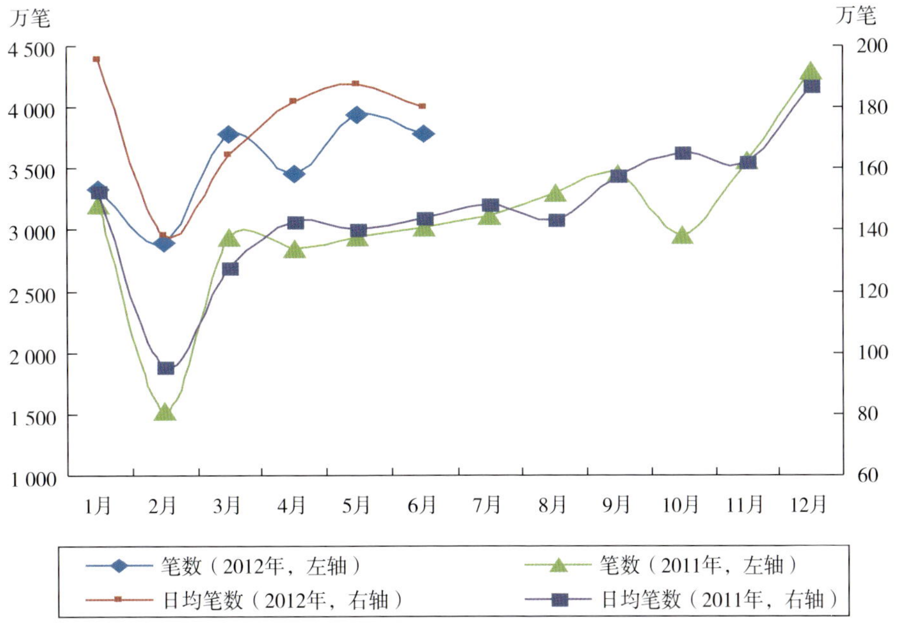

图 44　大额实时支付系统业务笔数及日均业务笔数月度走势图

情况看，业务笔数居前五位的分别是浙江、广东、江苏、山东和上海五省（市），业务笔数合计 4 871.90 万笔，占全国大额实时支付系统业务量的 43.5%，占比同比上升 1.6 个百分点；业务金额位于前五位的是北京、上海、江苏、广东和深圳五省（市），业务金额合计 2 862 698.88 亿元，占全国大额实时支付系统业务量的 64.3%，占比同比上升 5.7 个百分点（见表 7、表 8）。

表 7　大额实时支付系统业务笔数地区间占比变动统计表

单位：万笔、%、个百分点

地区	2012 年第二季度	占比	2011 年第二季度	占比	占比增长
浙江	1 201.02	10.7	931.26	10.6	0.1
广东	1 121.50	10.0	938.79	10.6	-0.6
江苏	1 031.43	9.2	776.62	8.8	0.4
山东	844.52	7.6	486.97	5.5	2.1
上海	673.43	6.0	565.23	6.4	-0.4
其他省份	6 307.44	56.5	5 125.85	58.1	-1.6

表 8　大额实时支付系统业务金额地区间占比变动统计表

单位：亿元、%、个百分点

地区	2012 年第二季度	占比	2011 年第二季度	占比	占比增长
北京	1 600 549.48	35.9	1 174 146.17	33.3	2.6
上海	561 278.08	12.6	453 981.89	12.9	-0.3
江苏	238 843.98	5.4	158 755.14	4.5	0.9
广东	236 410.28	5.3	172 571.66	4.9	0.4
深圳	225 617.06	5.1	171 640.51	4.9	0.2
其他省份	1 601 445.09	35.7	1 395 323.65	39.5	-3.8

国有商业银行业务量不断增长，股份制商业银行业务笔数占比小幅下降。第二季度，国有商业银行通过大额实时支付系统处理业务6 004.04万笔，金额1 599 184.90 亿元，分别占大额实时支付系统业务量的53.8%和35.8%，笔数和金额占比同比分别上升 0.7 个百分点和1.3 个百分点；股份制商业银行通过大额实时支付系统处理业务2 195.10万笔，金额 1 260 175.22 亿元，分别占大额实时支付系统业务量的19.6%和28.2%，笔数占比同比回落 0.4 个百分点，金额占比同比上升0.5 个百分点；城市商业银行通过大额实时支付系统处理业务 1 323.80万笔，金额457 636.56 亿元，分别占大额实时支付系统业务量的11.8%和10.3%，占比同比分别上升 0.5 个百分点和 0.8 个百分点；农村商业银行业务量占比不断提高，中国邮政储蓄银行业务笔数和金额占比与上年同期基本持平（见表9）。

表 9　大额实时支付系统行别间业务笔数、金额占比变动表

单位：万笔、亿元、%

银行类别	2012 年第二季度		2011 年第二季度		占比变动	
	笔数占比	金额占比	笔数占比	金额占比	笔数	金额
政策性银行	0.4	3.1	0.4	2.9	0.0	0.2
国有商业银行	53.8	35.8	53.1	34.5	0.7	1.3
股份制商业银行	19.6	28.2	20.0	27.7	-0.4	0.5
城市商业银行	11.8	10.3	11.3	9.5	0.5	0.8

续表

银行类别	2012 年第二季度		2011 年第二季度		占比变动	
	笔数占比	金额占比	笔数占比	金额占比	笔数	金额
农村商业银行	2.1	2.0	1.8	1.3	0.3	0.7
城市信用社	0.0	0.0	0.0	0.0	0.0	0.0
农村信用社	8.1	4.2	8.6	5.5	-0.5	-1.3
外资银行	1.5	3.0	1.7	3.6	-0.2	-0.6
中国邮政储蓄银行	1.0	1.3	1.0	1.1	0.0	0.2
其他	1.7	12.1	2.1	13.9	-0.4	-1.8

（二）小额批量支付系统

小额批量支付系统业务量保持增长态势。第二季度，小额批量支付系统共处理业务 17 600.59 万笔，金额 43 777.61 亿元，同比分别增长 33.9%和5.2%，分别占支付系统业务笔数和金额 3.8%和0.7%；日均处理业务 197.76 万笔，金额491.88 亿元[①]。

国有商业银行、城市商业银行、农村商业银行业务占比呈上升态势。国有商业银行通过小额批量支付系统处理业务 9 586.58 万笔，金额 19 819.03 亿元，分别占小额批量支付系统业务量的 54.5% 和 45.3%；股份制商业银行通过小额批量支付系统处理业务 4 071.06 万笔，金额 7 237.29亿元，分别占小额批量支付系统业务量的 23.1% 和 16.5%；城市商业银行、农村商业银行等其他金融机构通过小额批量支付系统处理业务 3 159.99 万笔，金额 16 075.53 亿元，分别占小额批量支付系统业务量的 18.0% 和 36.7%；外资银行通过小额批量支付系统处理业务 621.31 万笔，金额 392.73 亿元，分别占小额批量支付系统业务量的 3.5% 和 0.9%；政策性银行通过小额批量支付系统处理业务 15.19 万笔，金额 95.45 亿元，分别占小额批量支付系统业务量的 0.1% 和

① 2012 年第二季度小额批量支付系统实际运行 89 个工作日，此处按实际运行工作日计算。

0.2%；中国邮政储蓄银行通过小额批量支付系统处理业务146.46万笔，金额157.58亿元，分别占小额批量支付系统业务量的0.8%和0.4%（如图45、图46）。

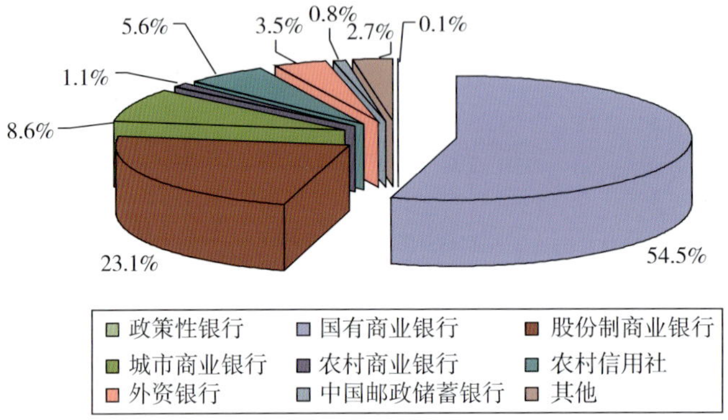

图45　2012年第二季度小额批量支付系统行别间业务笔数占比示意图

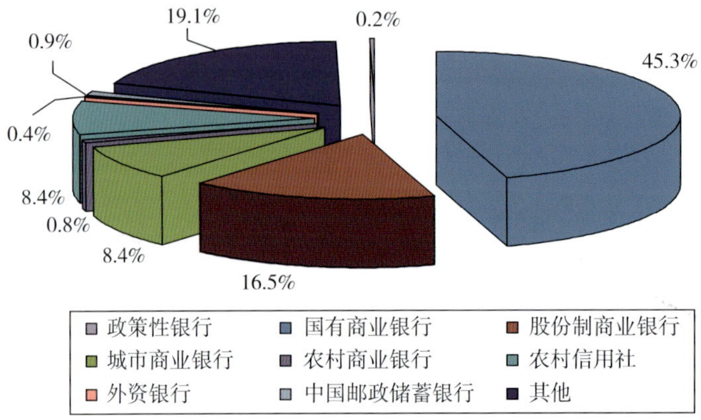

图46　2012年第二季度小额批量支付系统行别间业务金额占比示意图

（三）同城票据清算系统

同城票据清算系统业务量保持下降态势。第二季度，同城票据清算系统共处理业务9 523.84万笔，金额160 753.48亿元，同比分别下降8.1%和7.2%，分别占支付系统业务笔数和金额的2.1%和2.6%；日均处理业务 156.13 万笔，金额 2 635.30 亿元[①]。

第二季度，同城票据清算系统处理业务笔数居前五位的省（市）依次是浙江、广东、江苏、北京和辽宁，五省（市）业务总笔数占同城票据清算系统业务笔数的 70.0%，占比同比上升 4.7 个百分点。同城票据清算系统处理业务金额居前五位的省（市）依次是江苏、浙江、北京、山东和广东，五省（市）业务总金额占同城票据清算系统业务金额 61.4%，占比同比上升 3.6 个百分点（如图 47、图 48）。

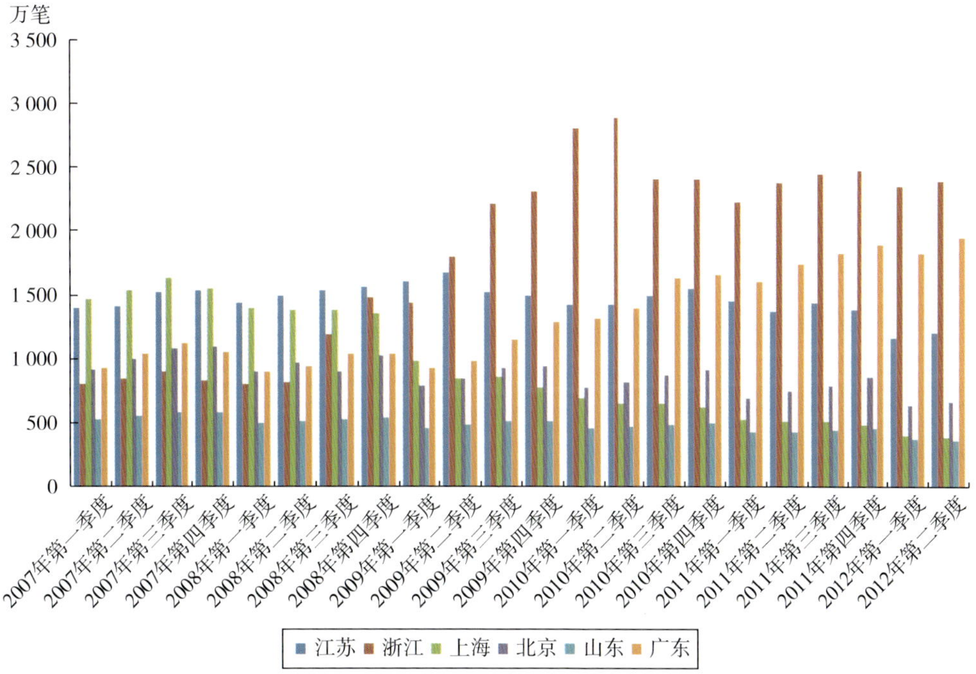

图 47　2007 年第一季度以来六省（市）同城票据清算系统业务笔数变动示意图

（四）境内外币支付系统

境内外币支付系统业务金额同比大幅增长。第二季度，境内外币支付系统共运行 61 个工作日，处理支付业务 27.58 万笔，金额 8 406.66 亿元（1 335.57 亿美元），同比笔数增长 37.7%，金额增长 115.9%；与第

① 此处按 2012 年第二季度实际工作日 61 日计算。

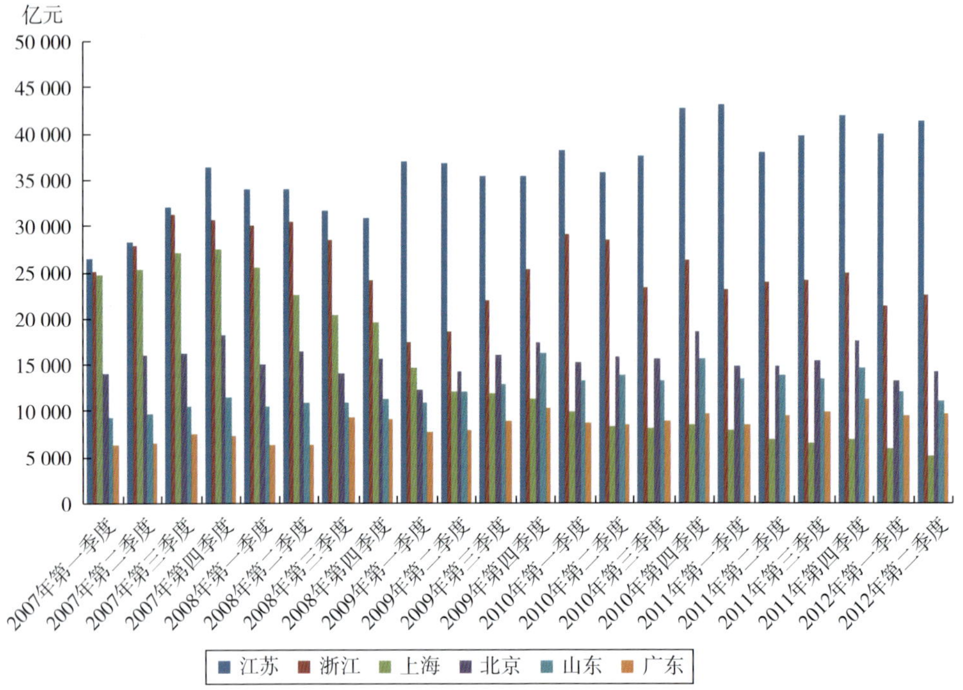

图 48　2007 年第一季度以来六省（市）同城票据清算系统业务金额变动示意图

一季度相比，业务笔数和金额分别增长 24.7% 和 29.9%；日均处理支付业务 4 521 笔，金额 137.81 亿元（21.89 亿美元），日均处理笔数和金额同比分别增长 40.0% 和 119.5%。

境内外币支付业务仍以美元交易为主，英镑交易金额大幅增长。第二季度，境内外币支付系统共处理美元支付业务 25.98 万笔，金额 7 812.04亿元（1 241.10 亿美元），同比分别增长 34.7% 和 121.0%，环比分别增长 23.5% 和 28.9%，分别占境内外币支付系统业务笔数和金额的 94.2% 和 93.0%，占比环比分别下降 0.9 个百分点和 0.7 个百分点；处理欧元支付业务 10 228 笔，金额 473.65 亿元（75.25 亿美元），同比分别增长 169.9% 和 169.0%，环比分别增长 78.7% 和 47.2%，分别占境内外币支付系统业务笔数和金额的 3.7% 和 5.6%，占比环比分别上升 1.1 个百分点和 0.7 个百分点；处理英镑支付业务 523 笔，金额 7.48 亿元（1.19 亿美元），同比分别增长 30.4% 和 964.5%，环比分别增长 1.4% 和 296.3%（见表 10）。

表 10　境内外币支付系统业务量统计表

单位：日、笔、万元

币种	工作日	笔数	金额（折合美元）	金额（折合人民币）	日均笔数	日均金额（美元）	日均金额（人民币）
美元	61	259 765	12 410 983. 26	78 120 370. 46	4 258	203 458. 74	1 280 661. 81
港元	61	1 433	89 756. 07	564 965. 49	23	1 471. 41	9 261. 73
欧元	61	10 228	752 483. 26	4 736 471. 68	168	12 335. 79	77 647. 08
日元	61	2 736	85 544. 19	538 453. 99	45	1 402. 36	8 827. 11
澳大利亚元	61	355	1 300. 58	8 186. 47	6	21. 32	134. 20
加拿大元	61	713	3 503. 05	22 049. 78	12	57. 43	361. 47
英镑	61	523	11 879. 13	74 772. 67	9	194. 74	1 225. 78
瑞士法郎	61	20	204. 43	1 286. 78	0	3. 35	21. 09
合计	61	275 773	13 355 653. 97	84 066 557. 32	4 521	218 945. 14	1 378 140. 27

（五）网上支付跨行清算系统

网上支付跨行清算系统业务持续增长。截至第二季度末，全国共有121 家机构接入网上支付跨行清算系统。第二季度，网上支付跨行清算系统共处理支付业务 5 687. 85 万笔，金额 7 649. 71 亿元，环比分别增长48. 2% 和 42. 9%；日均处理支付业务 62. 50 万笔，金额 84. 06 亿元[①]。

从业务种类看，网上支付跨行清算系统共处理网银贷记业务 5 291. 67 万笔，金额 6 891. 22 亿元，占网上支付跨行清算系统业务量的 93. 0% 和 90. 1%，占比环比分别下降 1. 9 个百分点和 0. 8 个百分点；处理网银借记业务 396. 18 万笔，金额 758. 49 亿元，占网上支付跨行清算系统业务量的 7. 0% 和 9. 9%，占比环比分别上升 1. 9 个百分点和 0. 8 个百分点。

从行别分布情况看，国有商业银行通过网上支付跨行清算系统处理支付业务 981. 15 万笔，金额 1 295. 67 亿元，分别占网上支付跨行清算系统业务量的 17. 2% 和 16. 9%；股份制商业银行通过网上支付跨行清算系统处理支付业务 3 756. 71 万笔，金额 5 132. 42 亿元，分别占网上支付

① 此处按 2012 年第二季度 91 个自然日计算。

跨行清算系统业务量的66.1%和67.1%；地方性金融机构[①]通过网上支付跨行清算系统处理支付业务817.36万笔，金额1 144.76亿元，分别占网上支付跨行清算系统业务量的14.4%和15.0%；中国邮政储蓄银行通过网上支付跨行清算系统处理支付业务130.59万笔，金额74.97亿元，分别占网上支付跨行清算系统业务量的2.3%和1.0%；外资银行通过网上支付跨行清算系统处理支付业务2.04万笔，金额1.89亿元（如图49、图50）。

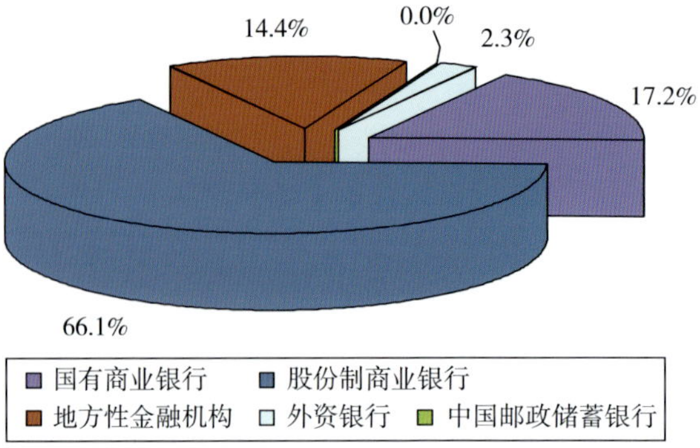

图49　2012年第二季度网上支付跨行清算系统行别间业务笔数占比示意图

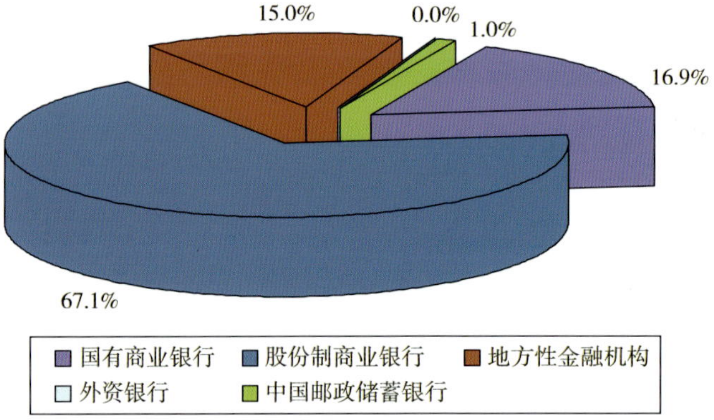

图50　2012年第二季度网上支付跨行清算系统行别间业务金额占比示意图

（六）银行业金融机构行内支付系统

银行业金融机构行内支付系统业务量继续保持较快增长，在支付服

① 含城市商业银行、农村商业银行、农村信用社、其他。

务市场中的基础性作用不断加强。第二季度，银行业金融机构行内支付系统共处理业务 214 398. 50 万笔，金额 1 509 291. 71 亿元，同比分别增长 25. 3% 和 20. 0%，分别占支付系统业务笔数和金额的 46. 7% 和 24. 2%；日均处理业务 2 356. 03 万笔，金额 16 585. 62 亿元[①]。

农村金融机构[②]行内支付系统业务量持续稳步增长，外资银行行内支付系统业务量快速增长。第二季度，农村金融机构行内支付系统共处理业务 28 345. 72 万笔，金额 108 781. 03 亿元，同比分别增长 20. 7% 和 16. 4%；国有商业银行行内支付系统共处理业务 144 832. 94 万笔，金额 864 675. 19 亿元，同比分别增长 25. 3% 和 20. 9%；股份制商业银行行内支付系统共处理业务 14 726. 15 万笔，金额 292 702. 79 亿元，同比分别增长 40. 9% 和 24. 8%；城市商业银行行内支付系统共处理业务 12 369. 16万笔，金额 211 946. 97 亿元，同比分别增长 9. 9% 和 11. 1%；外资银行行内支付系统共处理业务 11. 52 万笔，金额 16 384. 79 亿元，同比分别增长 51. 8% 和 41. 3%；中国邮政储蓄银行行内支付系统共处理业务 14 094. 69 万笔，金额 13 459. 00 亿元，同比分别增长 36. 0% 和 26. 2%；政策性银行行内支付系统共处理业务 18. 32 万笔，金额 1 341. 94亿元，同比分别下降 10. 5% 和 18. 5%（如图 51）。

（七）银行卡跨行支付系统

银行卡跨行支付系统业务量保持快速增长态势。第二季度，银行卡跨行支付系统共处理业务 201 439. 06 万笔，金额 46 335. 40 亿元，同比分别增长 21. 6% 和 28. 4%，增速分别较第一季度加快 0. 9 个百分点和 4. 7 个百分点，分别占支付系统业务笔数和金额的 43. 8% 和 0. 7%；日均处理业务 2 213. 62 万笔，金额 509. 18 亿元（如图 52）。

国有商业银行本行卡跨行业务量占比环比小幅上升，股份制商业银

---

① 此处按 2012 年第二季度 91 个自然日计算。

② 包括农村商业银行和农村信用社。

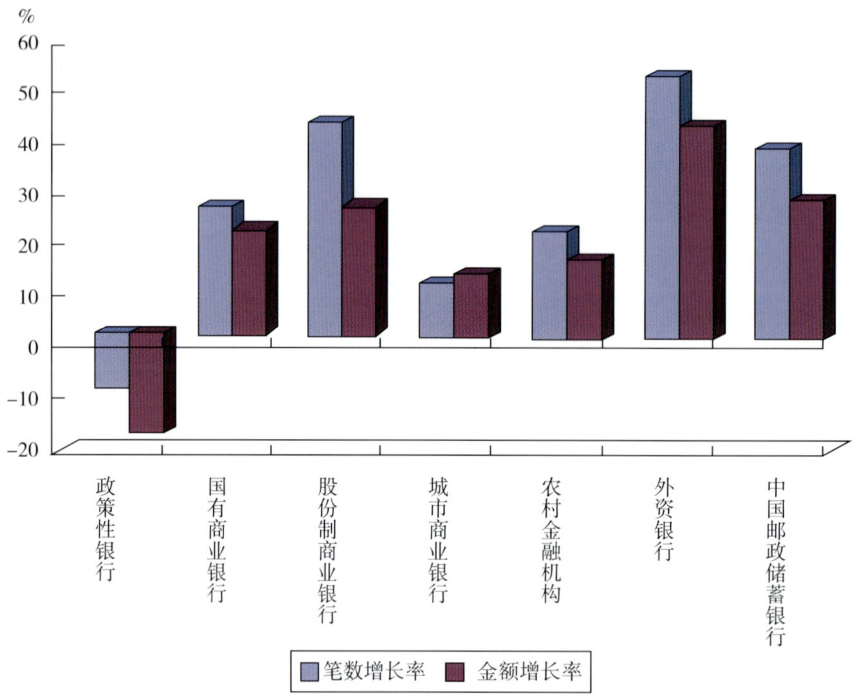

图 51　2012 年第二季度银行业金融机构行内支付系统业务笔数、金额同比增长率示意图

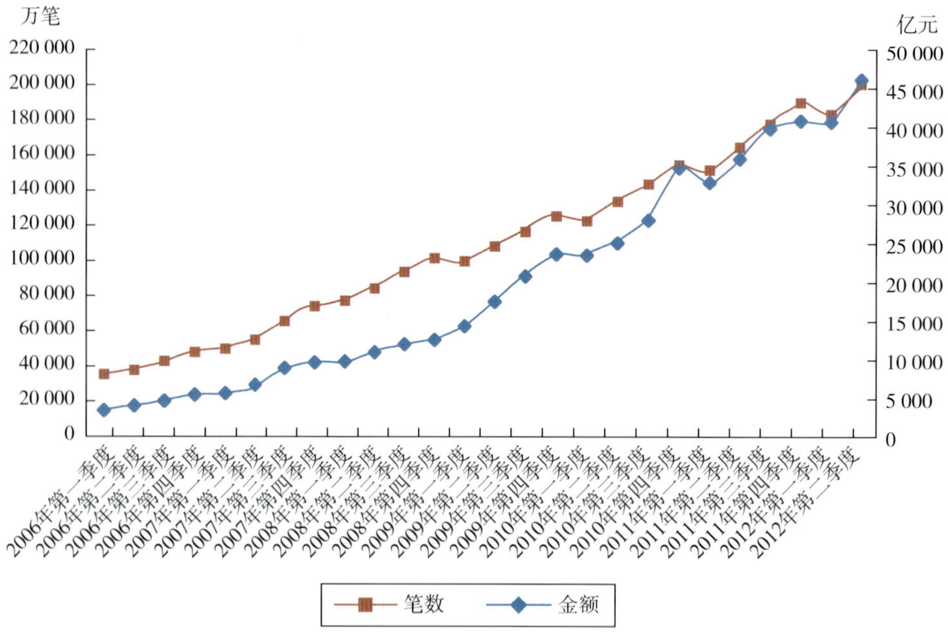

图 52　2006 年第一季度以来银行卡跨行支付系统业务量变化趋势图

行业务笔数占比环比略有下降，中国邮政储蓄银行、城市商业银行和农村商业银行等其他金融机构业务笔数占比环比小幅上升，金额占比环比

略有下降。第二季度，国有商业银行作为发卡方，发生银行卡跨行业务100 067.48万笔，金额26 297.13亿元，分别占银行卡跨行支付系统业务量的49.8%和56.8%，占比环比分别上升0.1个百分点和0.5个百分点；股份制商业银行作为发卡方，发生银行卡跨行业务60 259.00万笔，金额10 479.76亿元，分别占银行卡跨行支付系统业务量的29.9%和22.6%，笔数占比环比回落0.6个百分点，金额占比环比上升0.3个百分点；中国邮政储蓄银行作为发卡方，发生银行卡跨行业务12 969.42万笔，金额2 026.40亿元，分别占银行卡跨行业务量的6.4%和4.4%，比数占比环比上升0.2个百分点，金额占比环比下降0.2个百分点；城市商业银行、农村商业银行等其他金融机构[①]作为发卡方，发生银行卡跨行业务28 143.19万笔，金额7 532.07亿元，分别占银行卡跨行业务量的13.9%和16.2%，笔数占比环比上升0.3个百分点，金额占比环比下降0.6个百分点（如图53、图54）。

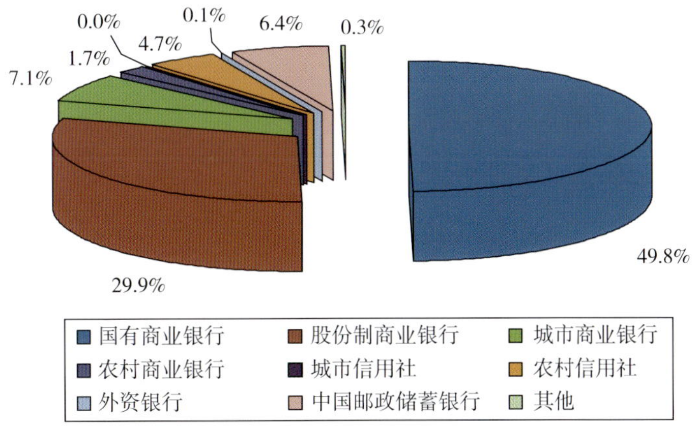

图53　2012年第二季度银行卡跨行支付系统行别间本行卡跨行业务笔数占比示意图

国有商业银行受理他行银行卡业务金额占比与第一季度相比略有下降，股份制商业银行业务笔数和金额占比均略有上升。中国邮政储蓄银行、城市商业银行和农村商业银行等其他金融机构业务占比略有下降。

---

① 含城市商业银行、农村商业银行、城市信用社、农村信用社、外资银行、其他。

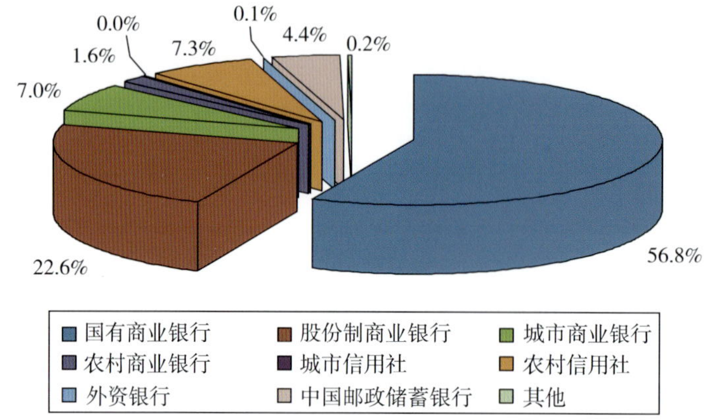

图 54　2012 年第二季度银行卡跨行支付系统行别间本行卡跨行业务金额占比示意图

第二季度，国有商业银行受理他行银行卡业务 94 123.46 万笔，金额 18 675.19亿元，分别占银行卡跨行业务量的 46.8% 和 40.4%，笔数占比环比上升 0.4 个百分点，金额占比环比下降 1.2 个百分点；股份制商业银行受理他行银行卡业务 34 815.66 万笔，金额 12 176.03 亿元，分别占银行卡跨行业务量的 17.3% 和 26.3%，环比占比分别上升 0.3 个百分点和 2.7 个百分点；中国邮政储蓄银行受理他行银行卡业务 9 442.75 万笔，金额 1 067.01 亿元，占银行卡跨行业务量的 4.7% 和 2.3%，笔数占比与第一季度持平，金额占比环比下降 0.2 个百分点；城市商业银行、农村商业银行等其他金融机构受理他行银行卡业务 63 057.19 万笔，金额14 417.17亿元，分别占银行卡跨行业务量的 31.2% 和 31.0%，占比环比分别下降 0.7 个百分点和 1.3 个百分点（如图 55、图 56）。

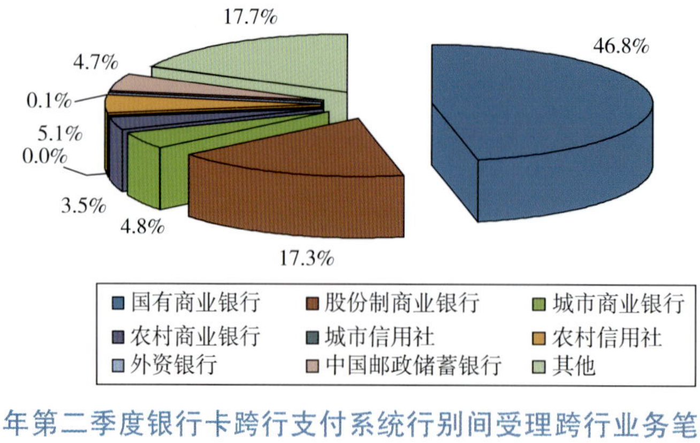

图 55　2012 年第二季度银行卡跨行支付系统行别间受理跨行业务笔数占比示意图

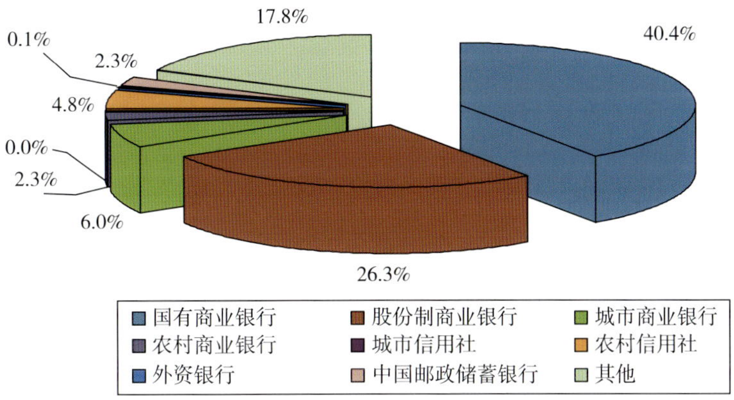

图 56　2012 年第二季度银行卡跨行支付系统行别间受理跨行业务金额占比示意图

专栏 3　《零售支付市场创新业务报告》概要

在过去的十年中，零售支付市场的创新不断涌现。这些创新业务在降低交易成本、增加社会财富的同时，也通过改变公众支付结算工具、重塑支付流程等方式对零售支付市场产生重要的影响。但零售市场在安全性和稳定性方面的不足，会对金融系统和社会经济产生影响，引发中央银行政策性问题。2010 年 6 月，国际支付清算体系委员会（Committee on Payment and Settlement Systems，CPSS）成立了一个工作组对零售支付市场进行调查，重点研究零售支付市场涌现出的创新业务，并于 2012 年 5 月发表了《零售支付市场创新业务报告》（*Innovations in Retail Payments*，以下简称《报告》）①一文。

《报告》首先对 CPSS 成员国和其他部分国家的零售支付创新业务进行了概述。然后，运用经济学理论，分析了影响创新业务发展的相关因素，展望了未来 5 年创新业务的发展趋势。最后，从中央银行承担的支付系统监管者、推动者、参与者等角度，提出相应的建议。

一、业务概述

《报告》在业务概述部分主要阐述了零售支付市场创新业务的类别及特征。

（一）创新业务分类

零售支付市场的创新可以分为卡支付的创新、互联网支付、移动支付、电子账单提示和付款系统（EBPP）、基础设施及其安全性改善等五大类型。

① 来源于 CPSS Publications No. 102，May 2012.

卡支付的创新主要体现在银行卡离线交易、受理终端非接触式支付、多用途预付卡的使用三个方面。

互联网支付是指买卖双方通过互联网发起、确认支付交易，并完成资金清算的创新业务。

移动支付是指用户使用语音、短信、近场通信等技术，通过移动通信网络发起并传送支付指令的支付业务。在这里，区分的标准在于支付接入渠道而非接入设备，因此支付终端可以是手机，也可以是与移动通信网络相连接的平板电脑。

电子账单提示和付款系统通常由两个部分组成，一是收款方以电子账单的形式向收款人提示付款，二是收款人对电子账单进行支付，并对支付文档进行电子化管理。

基础设施及其安全性改善是指通过优化清算方式和升级系统安全的方式来提高支付效率，如部分国家推出的支票影像系统。

（二）创新业务特征

基于对部分国家零售市场的调查，《报告》认为创新业务主要呈现以下五个特征。

一是创新业务的不断涌现，表明零售支付市场活跃程度高。但是，能够对市场产生显著影响的创新业务仍是少数。

二是创新业务的范围大多局限于本国，尽管各国类似产品层出不穷，但能够跨国使用的却很少。

三是创新业务着力于支付发起、支付清算等过程，注重对支付速度进行提升。

四是在许多国家，金融的包容性被视为创新的重要驱动力。

五是随着科技进步，第三方支付机构在零售支付领域打破了银行的垄断，并发挥着越来越重要的作用。

二、影响因素

基于以上对创新业务特征的研究并结合规模经济、网络效应和双边市场等经济学理论，《报告》认为以下因素对业务发展起着推动或阻碍作用。

（一）外部因素

推动零售支付业务创新的外部动力主要来源于科技进步、用户需求和监管框架等三个方面。用户需求是创新原动力，因为只有在满足用户需求的基础上，创新业务才能通过收取服务费、实现规模经济等方式得以存续和发展。同时，监管框架也对零售支付市场创新业务产生重要的影响。例如，支付市场一旦出现垄断寡头市场的趋势，监管者将会通过引入市场竞争的方式促进市场均衡。

（二）内部因素

《报告》对内部因素的分析主要由标准化、合作程度、价格机制、安全性四个部分组成，其中标准化和合作是主要因素。由于零售支付市场内在的网络效应，共同的标准将有助于形成规模效应并为新的市场参与者提供一个稳定的基础。通过共同投资或规模经济，合作可以降低成本。价格机制中的交换费等因素也会对业务创新产生影响，但效果会因环境的不同而有所差异。最后，对于支付服务供应商而言，安全问题值得关注。因为任何潜在的安全风险都会摧毁社会公众对一项新支付方案的信心，并最终导致业务的失败。

三、业务展望

基于支付市场的潜在收益及其影响因素，《报告》预计在未来的五年内，支付零售市场将会呈现以下发展趋势：

（一）随着科技的发展，接入设备和接入渠道变得更加通用，对支付产品进行准确分类将会越来越困难。

（二）由于近场通信技术给用户带来更为便捷、高效的支付体验，该项技术将在未来取得更为广泛的应用。

（三）网络支付能较好地满足用户对支付效率和安全的要求，因此，随着电子商务的快速发展，网络支付的业务量也将会有较大增长。

（四）全球性支付服务商凭借其网络分布和市场支配优势将在跨境支付业务上赢得先机。

（五）零售支付市场的创新通常只是对现有支付服务的逐步改善，但在支付基础设施尚不完善的国家，创新业务也可能取得跨越式发展。

（六）新支付方案的提出、第三方支付机构经营范围的扩大、监管规则的改变等因素，均会对零售支付市场产生巨大的影响。

（七）尽管科技的发展将会在全球范围内进一步加深支付工具的趋同性，但地区间的巨大差异仍会继续存在。

四、问题和挑战

中央银行往往采取消除法律和监管障碍、培育良性市场竞争、制定行业标准、完善基础设施等措施提高支付市场的安全性和有效性。环境的差异导致零售支付市场的创新业务对各国的影响不尽相同，但整体看来，仍有以下几个共同之处：

（一）中央银行对创新业务的监测和评估十分重要，但应循序渐进，在数据采集、研究分析和制定政策等多个环节进行努力。

（二）为确保政策的透明性和监管的有效性，各国中央银行必须加强政策意图、研究成果等方面的沟通。如果中央银行对零售支付市场监管不足，其声誉将会受到损害。

（三）各国中央银行往往通过促进不同利益相关者之间的对话、推动国内或国际标准发展等方式大力倡导并推进行业标准化和互通性进程，并以此为契机促进零售支付市场创新业务的发展。中央银行面临的挑战在于需要恰当地把握好对这类市场活动的参与程度。

（四）随着市场的发展和创新业务的出现，第三方支付机构和全球支付服务供应商的重要性日益加强，各国中央银行可能需要重新审视现有的监管框架，并在本国和国际范围内与其他权力机构携手合作。

（五）创新业务的发展可能会对零售支付系统产生影响。因此，各国中央银行需要从流动性、操作性等角度评估创新业务对零售支付市场的潜在风险。

（六）尽管大多数中央银行认为目前创新业务对现金和货币政策的影响有限，但仍需要对其进行持续监测。

（中国人民银行武汉分行支付结算处供稿）

三、银行结算账户

银行结算账户数量保持平稳增长态势，环比增速小幅提高。截至第二季度末，全国共有银行结算账户 451 044.07 万户，环比增长 5.1%，增速环比加快 0.6 个百分点。其中，单位银行结算账户 3 018.03 万户，占银行结算账户的0.7%，环比增长3.5%，增速环比加快0.2个百分点；个人银行结算账户448 026.04万户，占银行结算账户的99.3%，环比增长5.1%，增速环比加快0.6个百分点。

（一）单位银行结算账户

单位银行结算账户数量稳步增长。一般存款账户数量增速最快，临时存款账户数量增速呈现下降趋势。截至第二季度末，全国共有单位银行结算账户3 018.03万户，环比增长3.5%，同比增长13.1%。其中，基本存款账户1 805.78万户，一般存款账户935.87万户，专用存款账户252.59万户，临时存款账户23.79万户，分别占单位银行结算账户的59.8%、31.0%、8.4%和0.8%（如图57、图58）。基本存款账户、一般存款账户和专用存款账户环比分别增长3.5%、4.2%和0.9%，同比分别增长13.9%、14.8%和4.0%，临时存款账户环比下降1.4%，同比下降3.4%（如图59）。

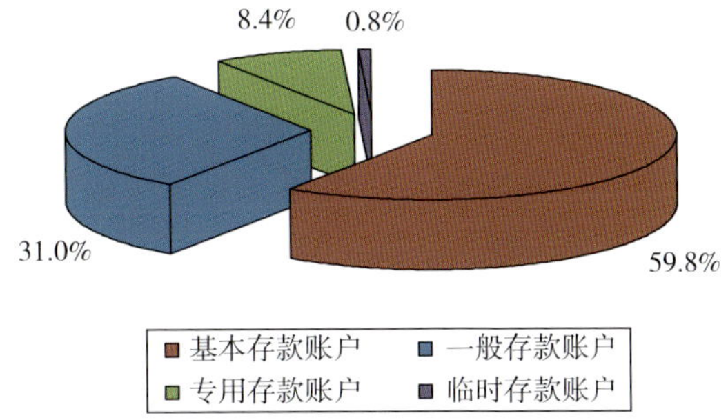

图57 2012年第二季度各类单位银行结算账户数量占比示意图

单位银行结算账户近六成集中在东部地区，中部和西部地区单位银行结算账户数量保持较快增长。截至第二季度末，东部、中部、西部和东北地区单位银行结算账户数量分别为1 781.46万户、485.12万户、538.99万户和212.46万户，同比分别增长12.4%、14.3%、15.1%和11.5%（如图60），分别占全国单位银行结算账户的59.0%、16.1%、17.9%和7.0%，占比分布与区域经济规模成正比。2006年第一季度以

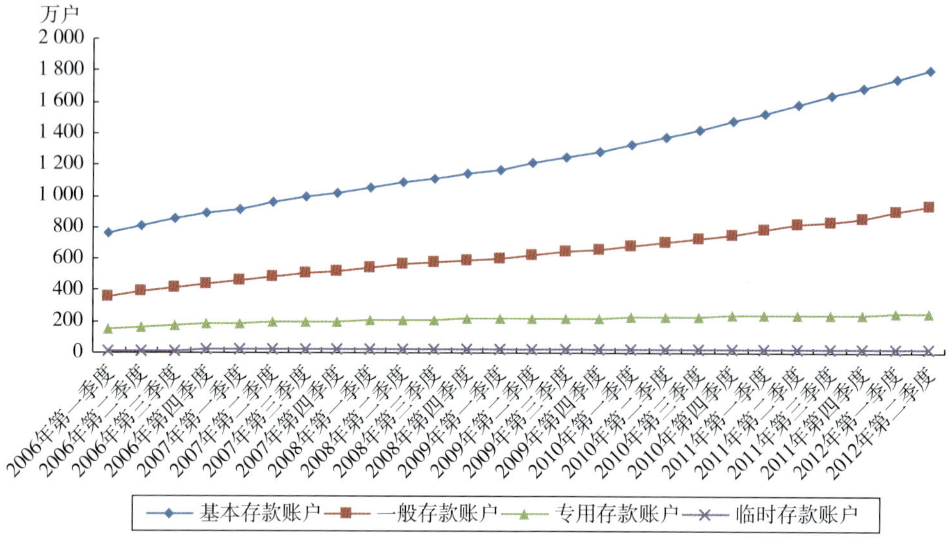

图 58　2006 年第一季度以来单位银行结算账户数量变动趋势图

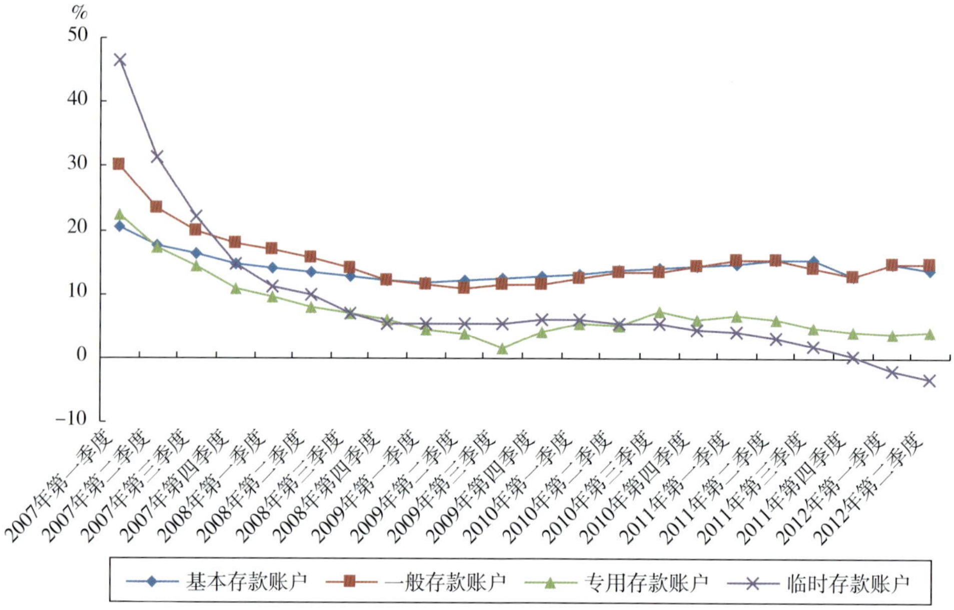

图 59　2007 年第一季度以来单位银行结算账户季度同比增幅变动图

来，东部地区单位银行结算账户数量同比增速一直低于全国平均水平，全国占比从 64.1% 下降到了 2012 年第二季度末的 59.0%。同期，中部和西部地区单位银行结算账户数量占比分别从 13.4%、15.7% 提高到了 16.1% 和 17.9%（如图 61）。

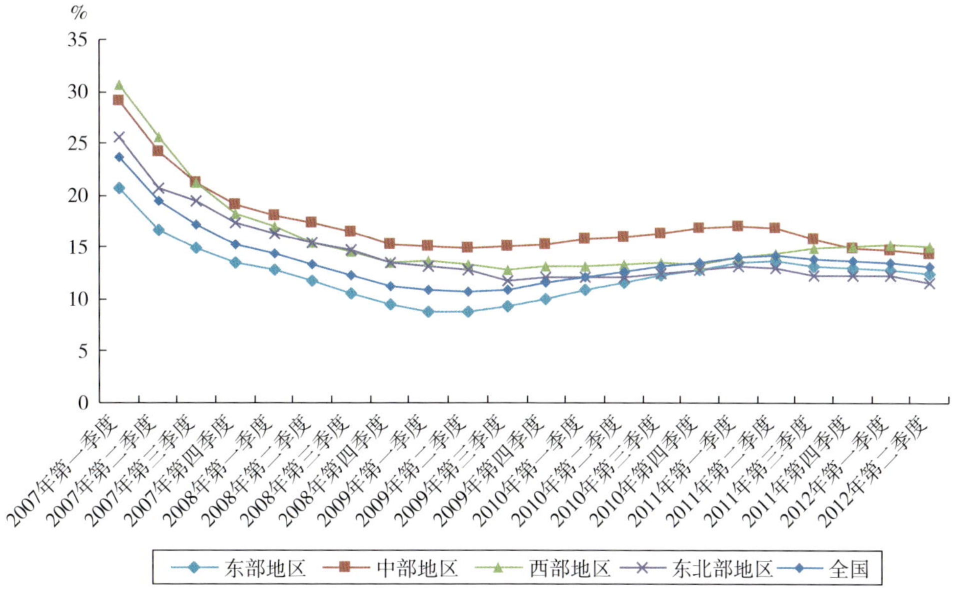

图 60　2007 年第一季度以来各地区单位银行结算账户季度同比增幅变动图

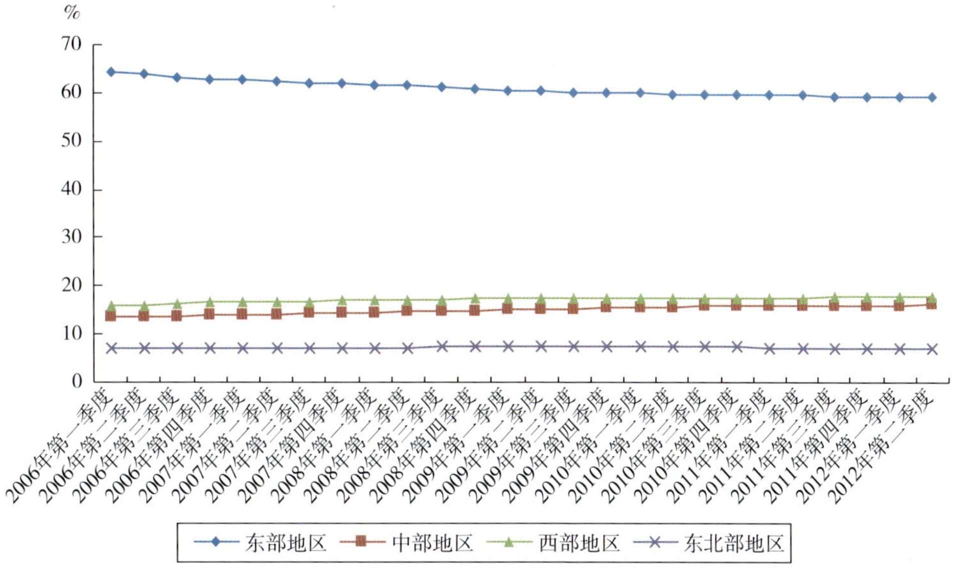

图 61　2006 年第一季度以来各地区单位银行结算账户数量全国占比变动图

四川省单位银行结算账户数量首次超过百万户，成为全国第十个单位银行结算账户数量过百万户的省（市），宁夏、重庆等十个省（市、自治区）单位银行结算账户环比增速超过 4%。截至第二季度末，广东[①]、江苏、浙江、山东、上海、北京、河南、辽宁、河北、四川等十个省（市）单位银行结算账户数量均已超过100万户，十个省（市）单位银行结算账户共计1 936.80万户，占全国单位银行结算账户的64.2%（如图62），占比环比提高3.2个百分点。经济发达程度等关键性因素决定了各地区单位银行结算账户数量。宁夏、重庆、广西、贵州、内蒙古、福建、青海、西藏、新疆、安徽等十省（市、自治区）环比增速均在4%以上，高于全国3.5%的平均水平（如图63）。

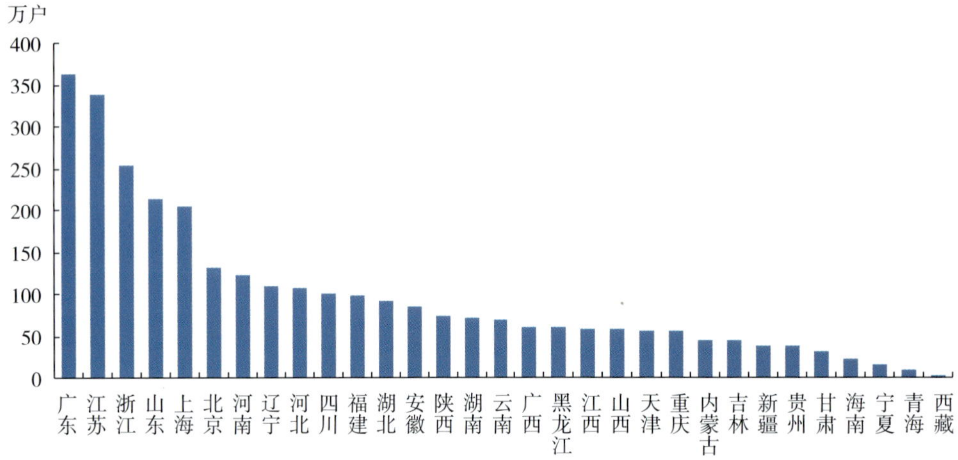

图62　2012年第二季度各省（市、自治区）单位银行结算账户数量分布图

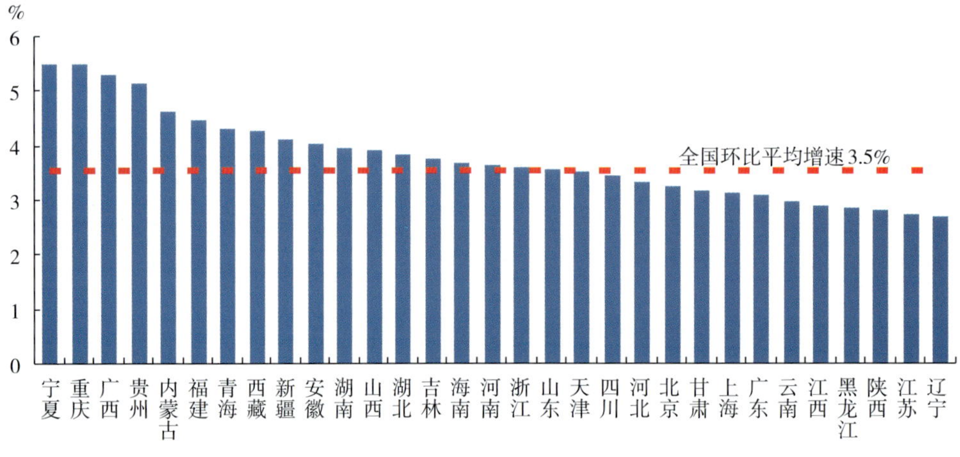

图63　2012年第二季度各省（市、自治区）单位银行结算账户环比增幅示意图

① 含深圳市。

各类银行业金融机构拥有的单位银行结算账户数量占比与第一季度持平。截至第二季度末，政策性银行、国有商业银行、股份制商业银行、其他金融机构[①]的单位银行结算账户数量分别为18.03万户、1 570.88万户、414.66万户和1 014.46万户，占全国单位银行结算账户数量的比例分别为0.6%、52.0%、13.7%和33.7%，占比与第一季度持平（如图64）。

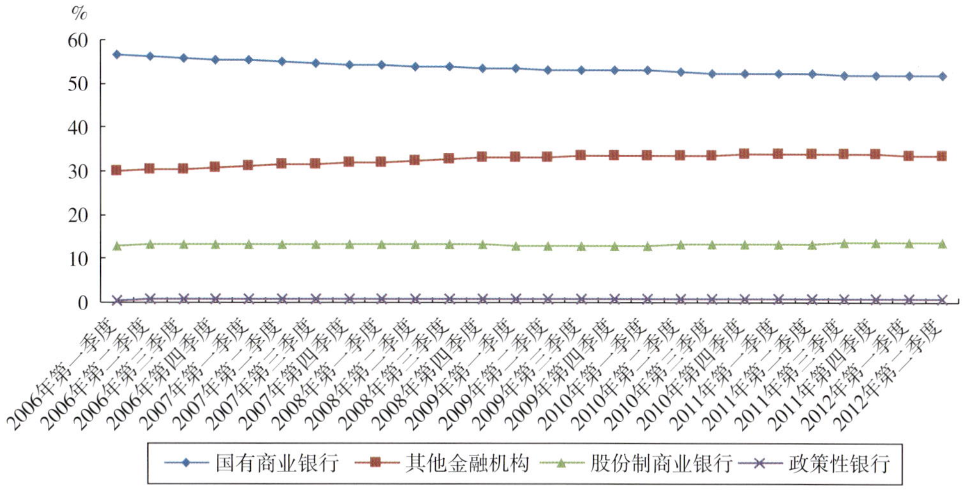

图64　2006年第一季度以来各类银行业金融机构单位银行结算账户数量占比示意图

注册资金规模在100万元以下的中小企业开立的单位银行结算账户数量在全国总量中占比接近七成，注册资金规模在100万元以上的企业开立单位银行结算账户数量同比增速放缓。截至第二季度末，注册资金规模100万元以下、100万~1 000万元、1 000万~1亿元和1亿元以上的企业开立的单位银行结算账户占比分别是69.5%、18.7%、9.1%和2.8%，同比分别增长11.4%、16.5%、18.5%和16.1%，增速较第一季度分别上升1.0个百分点，下降3.0个百分点、5.6个百分点和4.9个百分点（如图65）。

注册资金规模在1亿元以上的存款人开立的单位银行结算账户数量较第一季度有所增加，山东、广东等六个省（市）注册资金规模在1亿

① 其他金融机构包括城市商业银行、城市信用社、农村商业银行、农村信用社、中国邮政储蓄银行、外资银行，下同。

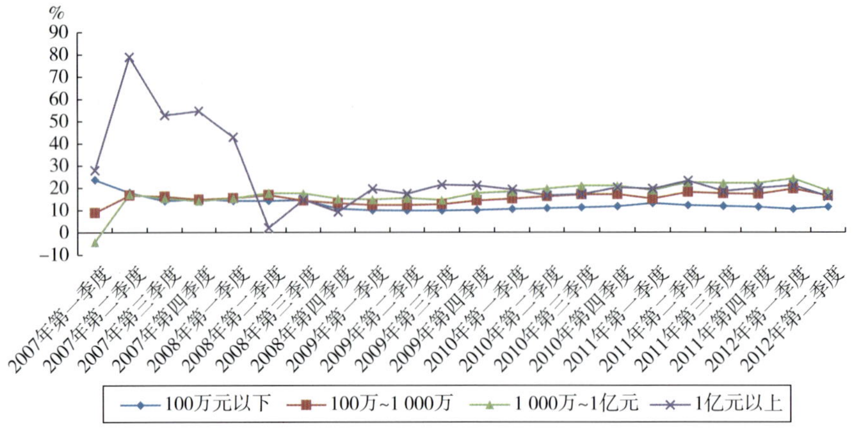

图 65　2007 年第一季度以来不同注册资金规模单位银行结算账户季度同比增速变动图

元以上的存款人开立的单位银行结算账户数量超过 5 万户。截至第二季度末，全国注册资金规模 1 亿元以上存款人开立的单位银行结算账户 85.07 万户，较第一季度增加 2.81 万户。其中，山东、广东、江苏、上海、浙江、北京和福建等七省（市）注册资金规模 1 亿元以上的单位银行结算账户数量分别为 9.41 万户、9.29 万户①、8.42 万户、5.70 万户、5.53 万户、5.39 万户和 3.09 万户，合计占全国总数的 55.0%。浙江环比减少 7.2%，山东、广东、江苏、上海、北京和福建环比分别增加 3.5%、3.2%、5.9%、4.0%、4.9% 和 4.9%（如图 66）。

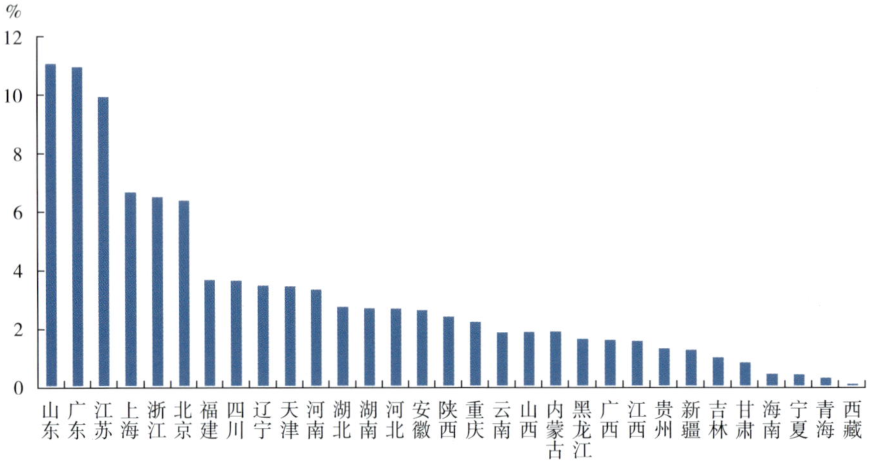

图 66　2012 年第二季度注册资金规模 1 亿元以上的单位银行结算账户地区分布示意图

① 含深圳市。

注册资金在100万元以下的中小企业开立的基本存款账户行别间分布情况基本保持稳定。截至第二季度末，国有商业银行、其他金融机构、股份制商业银行和政策性银行拥有的注册资金规模在100万元以下的中小企业开立的基本存款账户分别为813.61万户、537.36万户、146.70万户和2.29万户，占比分别为54.2%、35.8%、9.8%和0.2%（如图67）。与第一季度相比，国有商业银行占比小幅上升0.2个百分点，其他金融机构占比下降0.2个百分点，政策性银行和股份制商业银行占比持平。注册资金规模在100万元以下的中小企业开立的基本存款账户依次占上述四类银行业金融机构基本存款账户总数的82.0%、86.1%、79.4%和47.0%。

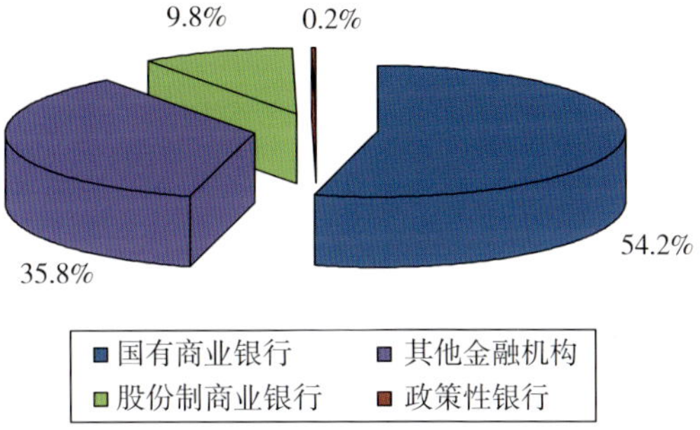

图67 2012年第二季度各类银行业金融机构拥有的100万元以下基本存款账户数量占比示意图

农林牧渔业、服务业等行业银行结算账户数量不断增加，批发零售业、制造业银行结算账户数量占比接近全国银行结算账户数量的50%。截至第二季度末，批发和零售业、农林牧渔业、租赁和商务服务业、住宿和餐饮业、居民服务和其他服务业等与居民日常生活密切相关的行业分别开立单位银行结算账户940.57万户、135.34万户、101.34万户、54.81万户和233.65万户，同比分别增长19.7%、19.0%、17.6%、17.0 %和15.4%。从单位银行结算账户行业分布情况看，批发和零售业、制造业单位银行结算账户共计1 426.55万户，占比达47.4%，占比环比提高0.3个百分点（见表11）。

表11　单位银行结算账户行业分布统计表

单位：万户、%

行业	2012年第二季度	2012年第一季度	2011年第二季度	2012年第二季度行业分布占比	2012年第二季度环比增长率	2012年第二季度同比增长率
批发和零售业	940.57	896.50	785.72	31.3	4.9	19.7
制造业	485.98	475.44	450.91	16.1	2.2	7.8
国际组织	318.19	310.47	293.83	10.5	2.5	8.3
居民服务和其他服务业	233.65	224.97	202.52	7.7	3.9	15.4
建筑业	136.50	132.46	122.94	4.5	3.1	11.0
农、林、牧、渔业	135.34	128.97	113.75	4.5	4.9	19.0
公共管理与社会组织	107.48	106.66	103.68	3.6	0.8	3.7
租赁和商务服务业	101.34	96.98	86.16	3.4	4.5	17.6
信息传输、计算机服务和软件业	91.03	88.39	82.59	3.0	3.0	10.2
房地产业	90.18	88.07	81.65	3.0	2.4	10.5
交通运输、仓储和邮政业	65.95	64.36	60.88	2.2	2.5	8.3
住宿和餐饮业	54.81	52.57	46.82	1.8	4.3	17.0
卫生、社会保障和社会福利业	40.46	39.97	38.10	1.3	1.2	6.2
文化、教育和娱乐业	40.39	39.06	36.05	1.3	3.4	12.0
教育	34.39	33.81	32.22	1.1	1.7	6.7
科学研究、技术服务和地质勘查业	34.25	33.21	30.79	1.1	3.2	11.2
电力、燃气及水的生产和供应业	30.00	29.72	29.19	1.0	0.9	2.8
金融业	29.48	28.68	26.19	1.0	2.8	12.6
采掘业	24.64	24.08	22.90	0.8	2.3	7.6
水利、环境和公共设施管理业	23.38	22.96	21.78	0.8	1.8	7.4
全国	3 018.03	2 917.31	2 668.69	100.0	3.5	13.1

房地产业单位银行结算账户数量继续增长，环比增速回落，中、西部地区环比增速高于全国平均水平。广东省房地产业单位银行结算账户环比小幅增加，增速高于全国平均增速水平；北京、上海、江苏的房地产业单位银行结算账户数量环比增速持续低于全国平均水平。截至第二季度末，全国房地产业单位银行结算账户数量共计90.18万户，同比增长10.5%，环比增长2.4%，环比增速放缓0.1个百分点（如图68）。

自2011年第三季度以来，房地产业单位银行结算账户数量环比增速已连续四个季度处于3%以下。

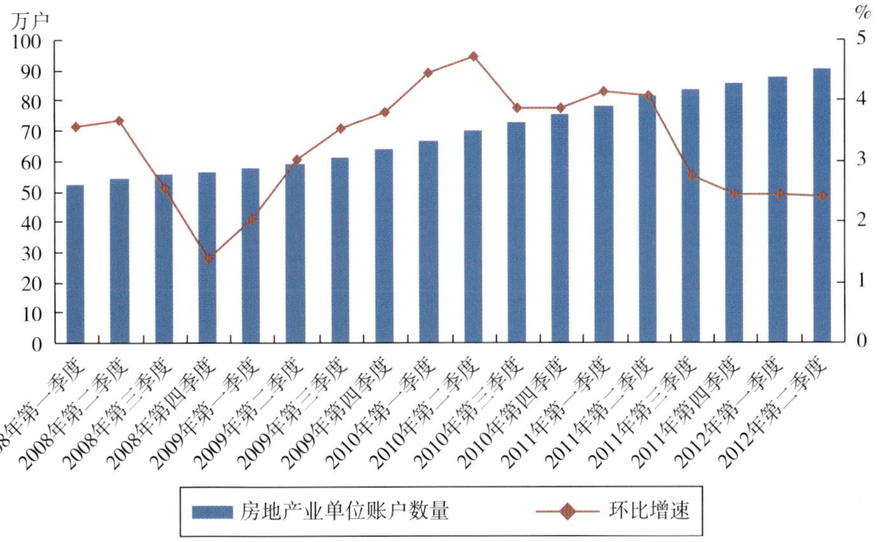

图68　2008年第一季度以来房地产业单位银行账户数量及环比增长示意图

分地区来看，东部和中部地区房地产业单位银行结算账户数量占全国的71.8%，占比与第一季度持平。中部和西部地区房地产业单位银行结算账户数量环比分别增长3.0%和2.7%，高于2.4%的全国平均增速。分省来看，房地产业单位银行结算账户数量位居前十位的为广东[①]、江苏、山东、浙江、上海、河南、四川、河北、湖北、安徽，上述十省合计占比达58.0%，与第一季度持平（如图69）。房地产业单位银行结算账户数量环比增速排名前五位的省（自治区）分别为新疆、山西、青海、吉林和河南，环比增速依次为4.7%、4.1%、4.0%、3.7%和3.7%（如图70）。

第二季度，广东[②]省房地产业单位银行结算账户数量环比增长2.6%，高于全国平均增速水平，增速较第一季度加快0.9个百分点。北京、上海两市的房地产业单位银行结算账户数量环比分别增长1.2%和0.8%，增速分别较第一季度加快0.3个百分点和0.2个百分点（如图71）。

① 含深圳市。
② 含深圳市。

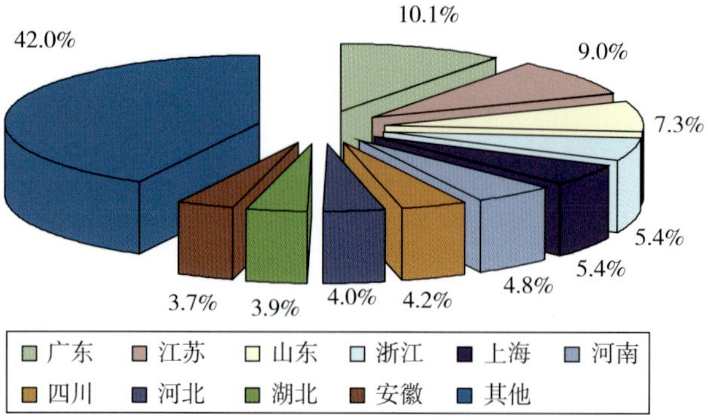

图 69　2012 年第二季度房地产业单位银行结算账户地区分布图

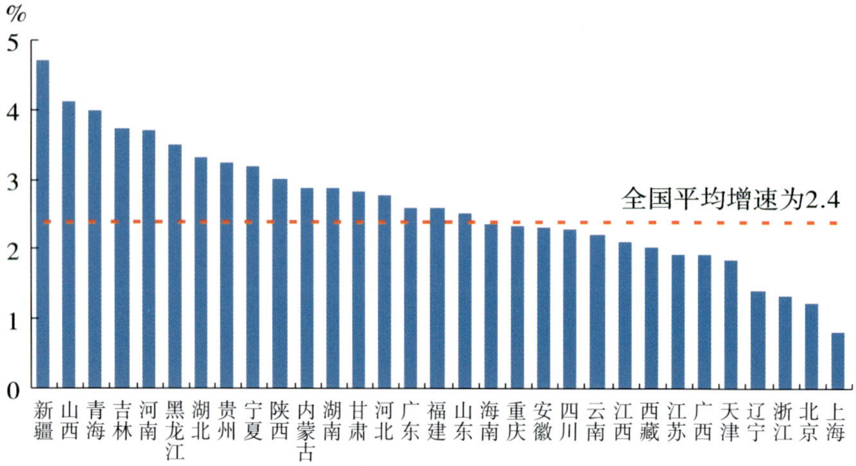

图 70　2012 年第二季度各省（市、自治区）房地产业单位银行账户数量环比增速示意图

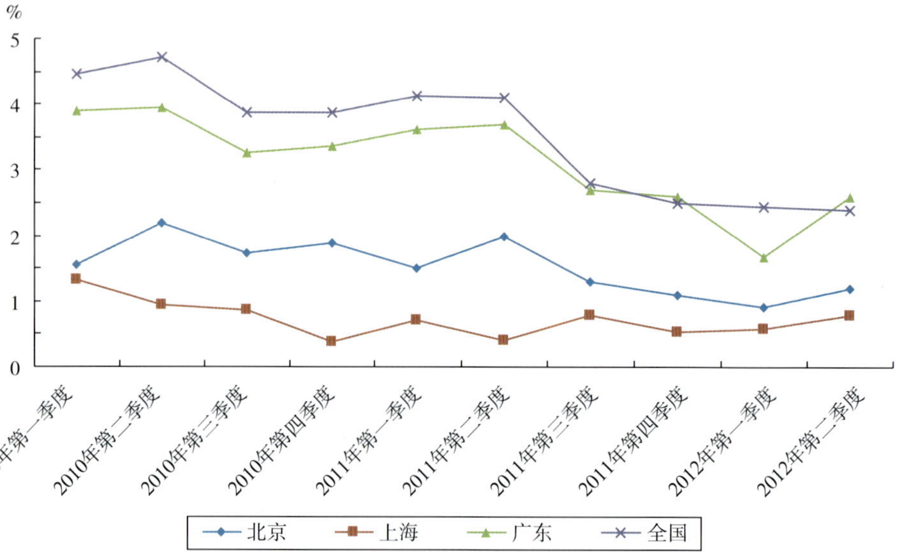

图 71　2010 年第一季度以来部分房地产发展一线省（市）

房地产业单位银行结算账户数量环比增速示意图

制造业单位银行结算账户数量占比环比小幅上升。截至第二季度末，制造业单位银行结算账户共计506.10万户，同比增长7.4%，环比增长2.1%，环比增速放缓0.2个百分点。制造业单位账户数量占全行业单位银行结算账户数量的比重为16.8%，占比同比下降0.1个百分点，环比上升0.5个百分点，扭转了从2006年第一季度以来，制造业单位银行结算账户的全国占比逐季持续减少的趋势（如图72）。

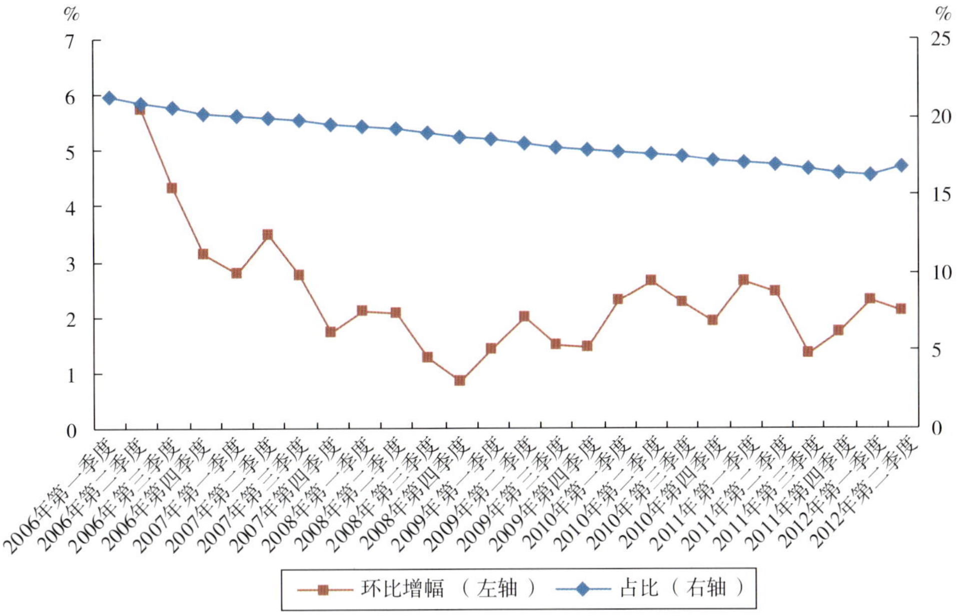

图72　2006年第一季度以来制造业账户数量环比增速及占比示意图

企业法人开立的单位银行结算账户占比保持稳定。截至第二季度末，企业法人开立单位银行结算账户共计2 006.83万户，同比增长13.1%，环比增长3.5%，环比增速加快0.1个百分点。企业法人账户占全部单位银行结算账户数量的66.5%，与第一季度持平（如图73、图74）。

（二）个人银行结算账户

个人银行结算账户数量延续增长态势。截至第二季度末，全国个人银行结算账户448 026.04万户，同比增长19.2%，增速较上年同期放缓

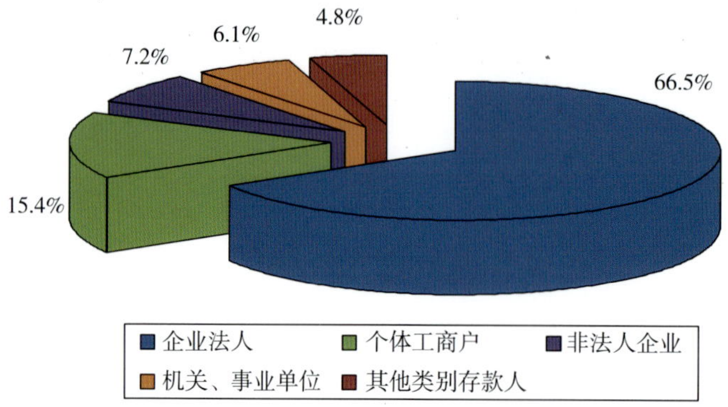

图 73　2012 年第二季度末各类存款人账户数量结构示意图

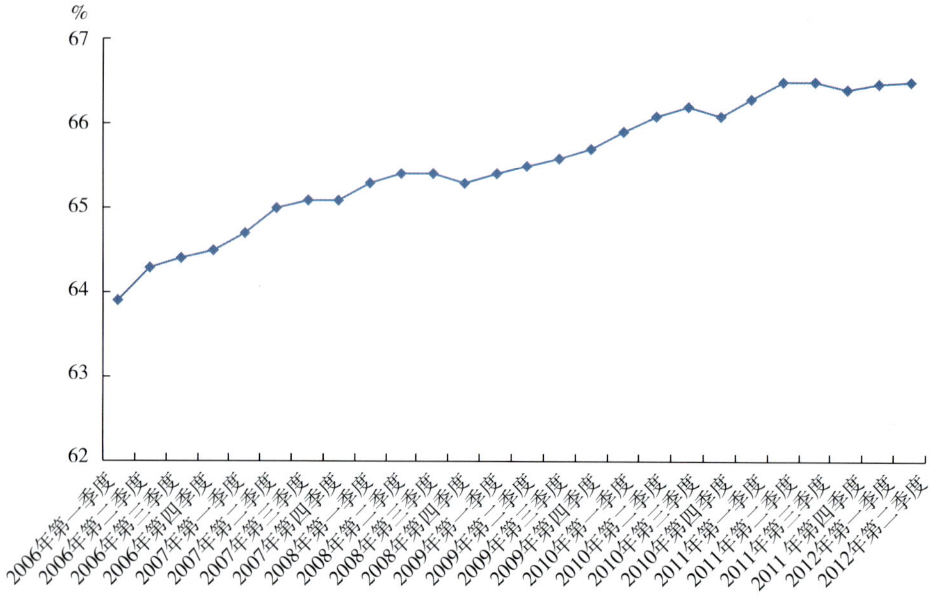

图 74　2006 年第一季度以来企业法人存款人银行结算账户占比变化趋势图

5.8 个百分点；环比增长 5.1%，增速较第一季度加快 0.6 个百分点（如图 75、图 76）。

个人银行结算账户数量与经济发展程度和人口数量密切相关。个人银行结算账户数量排名前十位的省（市）分别为广东[①]、山东、江苏、浙江、上海、福建、四川、河南、湖南和辽宁，上述十省（市）个人银行结算账户共计 279 444.88 万户，占全国个人银行结算账户的 62.4%，

① 含深圳市。

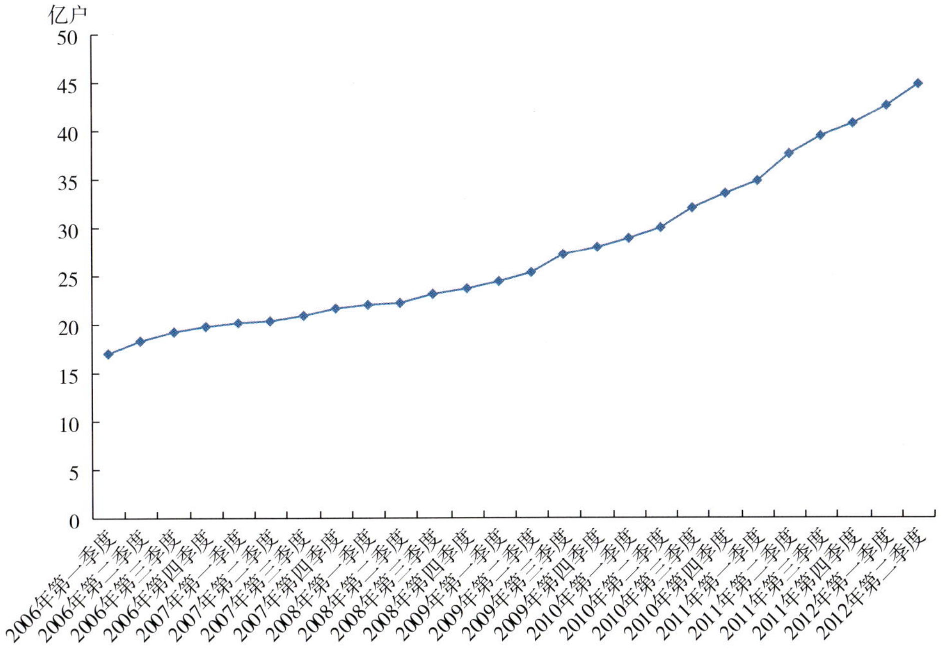

图 75　2006 年第一季度以来个人银行结算账户数量变化图

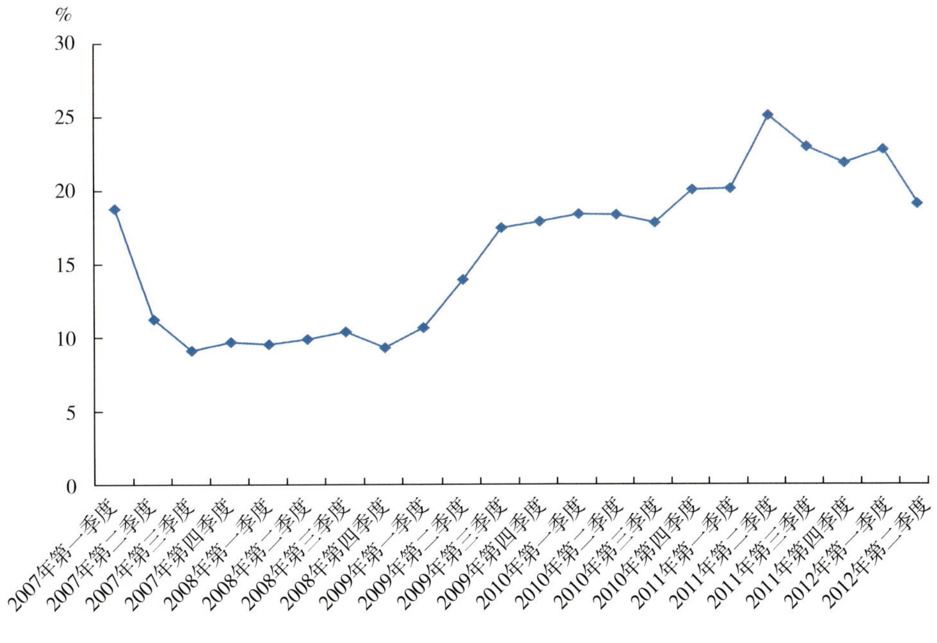

图 76　2007 年第一季度以来个人银行结算账户数量同比增速变动趋势图

占比环比下降 0.1 个百分点；排名后五位的内蒙古、海南、宁夏、青海、西藏等 5 省（自治区）的个人银行结算账户合计 10 139.89 万户，全国占比仅为 2.3%（如图 77）。

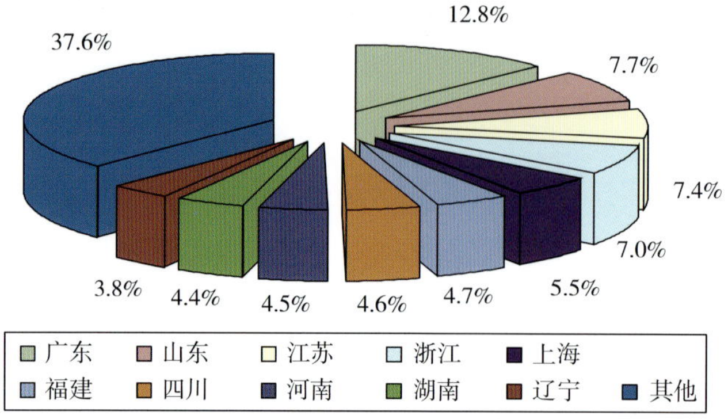

图 77　2012 年第二季度末个人银行结算账户地区分布图

上海、北京、天津、福建、浙江和广东等省（市）个人银行结算账户人均拥有量远高于全国平均水平。截至第二季度末，全国个人银行结算账户人均拥有量为 3.36 户。其中，上海、北京、天津、福建、浙江和广东[①]的人均个人银行结算账户数量超过 5 户，分别为 10.68 户、8.49 户、5.89 户、5.74 户、5.74 户和 5.50 户。西藏、青海、黑龙江、内蒙古和吉林等五省（自治区）人均个人银行结算账户数量较低，分别为 0.82 户、1.71 户、1.72 户、1.72 户和 1.76 户（如图 78）。

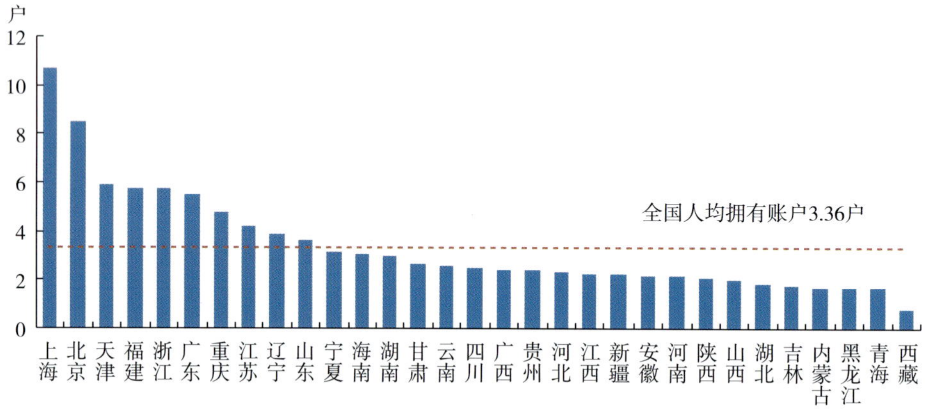

图 78　2012 年第二季度末各省个人结算账户人均占有量示意图[②]

各类银行的个人银行结算账户数量占比相对保持稳定，国有商业银行拥有六成以上的个人银行结算账户。截至第二季度末，61.6% 的个人

---

① 含深圳市。

② 人口数据来源于国家统计局网站《2010 年第六次全国人口普查主要数据公报（第 2 号）》。

银行结算账户开立在国有商业银行，中国邮政储蓄银行、股份制商业银行、农村信用社等其他金融机构个人结算账户数量占比分别为 12.5%、10.3% 和 9.6%。长期来看，国有商业银行个人银行结算账户数量呈缓慢下降趋势。短期来看，各类金融机构的个人银行结算账户数量占比相对保持稳定（如图 79）。

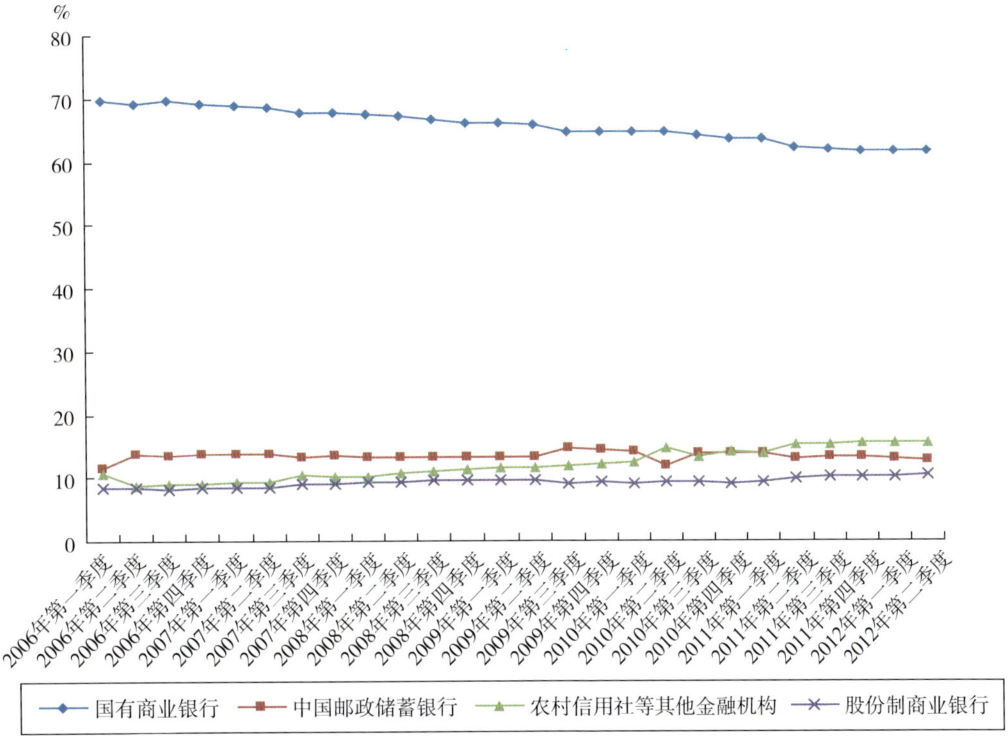

图 79　2006 年第一季度以来各类金融机构个人银行结算账户数量占比图

第二部分

支付业务报表

一、非现金支付工具类报表

非现金支付工具结构情况季报表

2012 年第二季度　　　　单位：万笔、亿元

业务类别	项目	笔数	金额
票据	银行汇票	118.82	6 380.46
	其中：现金银行汇票	1.29	12.89
	转账银行汇票	117.53	6 367.57
	商业汇票	392.46	39 514.32
	其中：商业承兑汇票	4.61	1 420.49
	银行承兑汇票	387.85	38 093.83
	银行本票	183.03	18 424.55
	其中：现金本票	0.53	15.61
	转账本票	182.50	18 408.94
	支票	18 829.59	675 194.67
	其中：现金支票	6 135.93	46 438.41
	转账支票	12 693.66	628 756.26
	其中：单位支票	18 621.49	674 025.60
	个人支票	208.10	1 169.07
	国内信用证	20.04	4 070.80
	合计	19 543.94	743 584.80
银行卡	存现	167 022.60	139 402.63
	取现	400 674.86	146 561.92
	其中：ATM 取现	286 129.39	36 679.92
	消费	209 043.16	48 229.58
	转账	170 337.46	491 960.48
	合计	947 078.08	826 154.61
结算方式	汇兑	34 204.74	1 479 606.05
	托收承付	18.91	1 560.90
	委托收款	829.56	32 831.82
	其中：同城特约委托收款	525.85	2 047.41
	商业承兑汇票	4.23	1 487.53
	银行承兑汇票	293.62	29 195.39
	合计	35 053.21	1 513 998.77

2012 年

业务类别 \ 项目		政策性银行		国有商业银行	
		笔数	金额	笔数	金额
票据	银行汇票	0.06	34.48	107.63	5 104.50
	其中：现金银行汇票			1.19	9.72
	转账银行汇票	0.06	34.48	106.44	5 094.78
	商业汇票	0.39	91.16	74.33	7 065.65
	其中：商业承兑汇票		2.72	1.84	178.62
	银行承兑汇票	0.39	88.44	72.49	6 887.03
	银行本票	0.06	15.98	112.80	9 715.70
	其中：现金本票			0.51	15.35
	转账本票	0.06	15.98	112.29	9 700.35
	支票	36.50	5 754.54	11 301.03	450 326.84
	其中：现金支票	14.07	324.44	3 630.72	31 209.60
	转账支票	22.43	5 430.10	7 670.31	419 117.24
	其中：单位支票	36.50	5 754.54	11 161.23	449 706.59
	个人支票			139.80	620.25
	国内信用证		7.25	0.90	1 111.30
	合计	37.01	5 903.41	11 596.69	473 323.99

季报表

第二季度　　　　　　　　　　　　　　　　　　　　单位：万笔、亿元

股份制商业银行		中国邮政储蓄银行		其他金融机构		合计	
笔数	金额	笔数	金额	笔数	金额	笔数	金额
2.45	398.89			8.68	842.59	118.82	6 380.46
				0.10	3.17	1.29	12.89
2.45	398.89			8.58	839.42	117.53	6 367.57
164.43	21 096.64			153.31	11 260.87	392.46	39 514.32
1.93	1 004.46			0.84	234.69	4.61	1 420.49
162.50	20 092.18			152.47	11 026.18	387.85	38 093.83
24.20	3 637.43	0.49	30.52	45.48	5 024.92	183.03	18 424.55
	0.13			0.02	0.13	0.53	15.61
24.20	3 637.30	0.49	30.52	45.46	5 024.79	182.50	18 408.94
1 592.66	97 361.04	124.24	4 043.02	5 775.16	117 709.23	18 829.59	675 194.67
411.40	2 004.48	43.56	214.51	2 036.18	12 685.38	6 135.93	46 438.41
1 181.26	95 356.56	80.68	3 828.51	3 738.98	105 023.85	12 693.66	628 756.26
1 578.02	97 275.18	124.24	4 043.02	5 721.50	117 246.27	18 621.49	674 025.60
14.64	85.86			53.66	462.96	208.10	1 169.07
18.96	2 657.22			0.18	295.03	20.04	4 070.80
1 802.70	125 151.22	124.73	4 073.54	5 982.81	135 132.64	19 543.94	743 584.80

2012 年

项目 / 行别	银行卡数量								
	当期发卡数量				期末卡数量				
	贷记卡	准贷记卡	借记卡	小计	贷记卡	准贷记卡	借记卡	小计	睡眠卡
政策性银行									
国有商业银行	370.00	238.31	4 272.21	4 880.52	14 258.09	3 644.66	147 969.61	165 872.36	25 483.69
股份制商业银行	784.95	5.92	1 064.13	1 855.00	10 458.01	201.75	36 836.73	47 496.49	15 833.48
城市商业银行	114.12	1.73	762.32	878.17	1 217.74	9.41	15 947.02	17 174.17	3 180.87
农村商业银行	18.82	1.27	878.95	899.04	120.46	19.16	14 806.44	14 946.06	2 315.37
城市信用社									
农村信用社	2.20		2 255.67	2 257.87	12.39		22 517.10	22 529.49	1 273.40
外资银行	0.17		10.02	10.19	6.31		122.36	128.67	8.02
中国邮政储蓄银行	39.95		2 430.05	2 470.00	273.06		54 064.69	54 337.75	19 712.12
合计	1 330.21	247.23	11 673.35	13 250.79	26 346.06	3 874.98	292 263.95	322 484.99	67 806.95

注：本报表中空格部分表示该项数据小于0.005且大于0，下同。

情况季报表

第二季度 单位：万张、万笔、亿元、万台

资金交易情况										ATM数量
存现		取现		消费		转账		小计		
笔数	金额	笔数	金额	笔数	金额	笔数	金额	笔数	金额	
98 779.60	78 539.03	244 308.94	85 709.58	115 520.98	30 155.77	117 039.01	318 294.40	575 648.53	512 698.78	21.42
16 596.37	13 094.49	31 273.90	10 868.71	65 596.40	10 270.99	28 218.35	105 660.74	141 685.02	139 894.93	4.89
6 130.42	8 617.53	14 280.94	8 857.53	8 521.39	2 168.58	6 060.50	17 375.74	34 993.25	37 019.38	1.86
6 631.29	9 871.53	19 260.06	11 137.37	3 139.97	1 937.34	7 471.63	20 752.20	36 502.95	43 698.44	2.60
11 549.34	15 813.23	24 683.28	15 471.34	2 584.03	1 797.96	6 661.50	22 924.12	45 478.15	56 006.65	2.87
21.84	27.05	190.51	39.01	90.79	30.59	4.27	35.29	307.41	131.94	0.10
27 313.74	13 439.77	66 677.23	14 478.38	13 589.60	1 868.35	4 882.20	6 917.99	112 462.77	36 704.49	3.56
167 022.60	139 402.63	400 674.86	146 561.92	209 043.16	48 229.58	170 337.46	491 960.48	947 078.08	826 154.61	37.30

二、支付系统类报表

大额实时支付系统地区间

2012 年

资金流入 / 资金流出	北京市		天津市	
	笔数	金额	笔数	金额
北京市	314. 29	769 605. 20	14. 89	19 889. 91
天津市	13. 74	20 012. 69	107. 46	27 922. 10
河北省	25. 31	16 918. 51	12. 59	1 274. 72
山西省	7. 84	11 830. 73	2. 01	467. 16
内蒙古自治区	10. 25	13 273. 08	1. 93	479. 14
辽宁省	16. 18	30 108. 86	5. 63	2 122. 65
吉林省	6. 39	14 894. 23	1. 48	616. 66
黑龙江省	7. 91	13 667. 16	1. 51	399. 47
上海市	40. 96	195 345. 86	8. 15	5 417. 92
江苏省	20. 59	64 348. 18	5. 51	1 394. 69
浙江省	20. 04	40 964. 49	5. 02	1 965. 48
安徽省	6. 38	17 535. 98	1. 36	335. 06
福建省	7. 44	36 636. 75	1. 75	1 625. 13
江西省	3. 88	10 827. 76	0. 69	325. 16
山东省	23. 11	34 948. 85	7. 95	1 218. 79
河南省	9. 27	16 681. 81	2. 22	478. 66
湖北省	7. 28	21 135. 27	1. 19	290. 22
湖南省	5. 02	13 211. 42	0. 82	466. 60
广东省	18. 39	66 440. 01	3. 74	1 449. 97
海南省	1. 50	2 994. 21	0. 18	70. 37
广西壮族自治区	3. 04	11 219. 83	0. 37	72. 69
重庆市	4. 09	17 700. 71	0. 64	317. 46
四川省	8. 09	26 455. 78	1. 29	653. 14
贵州省	2. 15	4 348. 06	0. 29	74. 64
云南省	3. 31	8 654. 67	0. 48	144. 78
西藏自治区	0. 26	894. 75	0. 03	8. 46
陕西省	5. 96	11 674. 16	1. 16	189. 28
甘肃省	2. 83	9 902. 63	0. 55	137. 11
青海省	0. 76	1 552. 25	0. 13	9. 74
宁夏回族自治区	1. 72	3 548. 11	0. 42	237. 49
新疆维吾尔自治区	3. 51	8 026. 42	0. 66	186. 03
深圳市	17. 56	77 472. 24	2. 57	2 129. 74
合计	619. 05	1 592 830. 66	194. 67	72 370. 42

资金流量流向情况季报表

第二季度　　　　单位：万笔、亿元

河北省		山西省		内蒙古自治区	
笔数	金额	笔数	金额	笔数	金额
24.25	16 110.80	5.91	11 880.56	5.53	12 850.16
10.49	1 251.35	1.31	439.21	1.09	409.81
259.33	31 315.19	3.59	760.60	2.67	379.07
5.21	584.13	146.08	22 741.45	1.39	327.46
4.36	342.28	1.58	255.65	104.94	18 378.98
7.66	653.39	0.99	462.65	2.31	496.52
3.11	380.98	0.37	346.29	0.78	496.80
2.72	179.80	0.33	97.82	1.07	95.21
9.13	1 897.46	7.61	1 530.24	4.46	1 422.99
9.48	604.91	3.01	470.80	1.59	217.21
10.61	745.63	2.52	524.87	1.71	330.13
2.60	138.10	0.78	92.24	0.59	83.25
2.41	1 742.49	1.02	968.31	0.61	773.72
1.54	135.58	0.54	155.67	0.35	104.31
17.31	1 118.67	3.58	834.45	2.24	348.95
6.57	762.92	3.35	621.17	1.01	229.43
2.50	175.94	0.79	142.49	0.53	135.74
1.67	383.21	0.57	356.39	0.40	126.92
5.41	1 099.64	1.71	587.28	1.13	231.16
0.25	37.29	0.10	24.12	0.06	11.36
0.72	106.09	0.23	68.01	0.17	83.03
1.28	221.84	0.44	156.97	0.23	109.81
2.36	298.54	1.07	210.08	0.59	218.47
0.64	69.55	0.22	40.18	0.12	24.56
0.86	67.41	0.25	69.08	0.14	37.20
0.07	18.76	0.02	3.35	0.01	0.47
2.28	271.61	1.92	240.97	1.66	292.05
1.28	121.03	0.47	254.61	0.47	169.49
0.25	18.85	0.09	14.53	0.08	14.62
0.80	33.73	0.30	24.75	1.36	138.01
1.59	96.63	0.30	88.86	0.20	54.00
3.23	1 751.93	1.39	780.14	0.96	708.31
401.97	62 735.73	192.44	45 243.79	140.45	39 299.20

2012 年

资金流入 资金流出	辽宁省		吉林省	
	笔数	金额	笔数	金额
北京市	11.62	30 009.27	4.29	15 032.80
天津市	2.91	2 041.75	0.78	830.05
河北省	4.20	606.70	1.31	226.79
山西省	1.11	329.54	0.46	344.43
内蒙古自治区	3.07	346.12	1.08	547.67
辽宁省	222.85	44 703.89	5.45	3 144.71
吉林省	8.94	3 202.79	89.42	21 974.21
黑龙江省	6.56	1 742.91	3.02	1 731.73
上海市	11.22	5 193.91	4.08	2 338.03
江苏省	5.27	1 305.76	1.79	1 428.04
浙江省	6.14	1 583.59	2.38	1 606.22
安徽省	1.26	343.15	0.66	276.13
福建省	1.76	2 240.95	0.70	1 521.33
江西省	0.78	302.47	0.49	405.32
山东省	6.75	1 721.37	2.47	1 567.62
河南省	1.92	609.43	0.83	810.78
湖北省	1.30	425.12	0.58	701.96
湖南省	0.86	318.31	0.49	824.97
广东省	4.82	2 513.57	1.61	1 662.18
海南省	0.26	32.80	0.11	23.47
广西壮族自治区	0.60	633.56	0.31	502.92
重庆市	0.69	690.66	0.38	2 056.97
四川省	1.46	1 175.04	0.78	1 539.89
贵州省	0.31	90.58	0.21	140.63
云南省	0.47	204.13	0.31	259.47
西藏自治区	0.02	8.51	0.01	0.65
陕西省	1.21	791.64	0.47	732.64
甘肃省	0.51	511.17	0.21	686.81
青海省	0.10	35.37	0.04	25.36
宁夏回族自治区	0.25	143.19	0.08	32.47
新疆维吾尔自治区	0.57	368.51	0.21	717.02
深圳市	4.45	2 289.35	1.54	792.88
合计	314.24	106 515.11	126.55	64 486.15

资金流量流向情况季报表

第二季度　　　　单位：万笔、亿元

黑龙江省		上海市		江苏省	
笔数	金额	笔数	金额	笔数	金额
5. 33	14 008. 83	42. 92	196 038. 82	21. 16	63 591. 31
0. 75	390. 90	8. 89	5 284. 54	6. 00	1 594. 32
1. 23	228. 29	7. 27	1 782. 26	7. 28	487. 36
0. 36	77. 86	3. 68	1 615. 50	3. 47	359. 88
1. 51	122. 73	2. 76	1 351. 39	2. 51	215. 83
4. 58	1 661. 91	12. 07	5 004. 39	8. 08	1 585. 92
2. 84	878. 70	4. 04	2 720. 12	3. 15	1 827. 95
103. 84	16 229. 84	4. 37	2 036. 47	2. 85	861. 12
6. 34	2 272. 86	272. 95	215 115. 15	92. 18	19 080. 32
1. 64	809. 21	104. 26	19 279. 69	676. 68	110 843. 70
2. 45	525. 55	91. 53	15 378. 58	75. 62	7 055. 77
0. 63	96. 47	15. 25	3 108. 41	25. 05	1 677. 23
0. 60	1 333. 01	15. 23	14 963. 08	11. 81	5 353. 27
0. 37	131. 94	6. 70	1 741. 82	6. 91	1 104. 14
2. 51	600. 58	22. 64	7 552. 80	29. 86	3 431. 86
0. 66	407. 00	8. 38	3 274. 94	10. 31	1 253. 44
0. 52	944. 58	9. 79	3 591. 86	8. 61	1 050. 48
0. 36	110. 02	5. 83	2 421. 99	5. 18	977. 92
1. 58	1 028. 74	28. 99	22 039. 66	21. 42	3 803. 33
0. 18	16. 66	1. 43	511. 89	0. 78	112. 58
0. 26	113. 69	3. 14	1 304. 45	2. 29	400. 16
0. 29	700. 51	5. 47	3 124. 00	4. 08	1 057. 96
0. 70	430. 87	9. 44	2 835. 60	6. 64	1 843. 55
0. 17	39. 29	2. 21	874. 39	1. 69	155. 91
0. 24	70. 38	3. 48	1 617. 39	2. 35	217. 78
0. 01	1. 25	0. 09	14. 02	0. 08	12. 72
0. 37	817. 47	5. 16	2 978. 80	4. 12	543. 47
0. 21	123. 12	2. 04	603. 98	1. 87	708. 84
0. 04	1. 79	0. 45	181. 94	0. 46	83. 18
0. 08	31. 50	1. 09	135. 43	0. 96	97. 12
0. 23	47. 23	2. 58	1240. 20	2. 43	979. 89
1. 56	890. 38	23. 69	23 944. 24	14. 61	5 107. 17
142. 44	45 143. 16	727. 82	563 667. 80	1 060. 49	237 475. 48

2012 年

资金流入 / 资金流出	浙江省		安徽省	
	笔数	金额	笔数	金额
北京市	17.08	42 790.01	4.99	18 093.78
天津市	4.13	1 743.08	0.77	198.48
河北省	6.24	555.96	1.48	99.12
山西省	2.55	445.73	0.82	79.10
内蒙古自治区	1.90	260.38	0.67	52.77
辽宁省	7.83	1 618.27	1.30	345.04
吉林省	5.73	3 380.03	0.60	228.53
黑龙江省	3.73	519.89	0.68	68.46
上海市	58.95	14 658.38	10.64	2 870.77
江苏省	64.77	6 786.23	18.99	1 645.95
浙江省	824.36	97 813.18	13.67	1 000.42
安徽省	15.51	1 144.72	272.65	30 661.97
福建省	15.44	3 402.41	2.66	1 717.84
江西省	10.90	1 062.71	2.50	264.89
山东省	21.84	2 457.65	4.48	875.82
河南省	8.19	807.03	2.95	262.64
湖北省	7.82	2 413.02	2.35	320.74
湖南省	6.43	636.45	1.38	212.04
广东省	25.99	2 443.40	4.78	1 481.28
海南省	0.84	75.02	0.24	29.16
广西壮族自治区	2.60	291.65	0.60	51.65
重庆市	4.02	730.73	0.72	104.53
四川省	6.35	935.81	1.45	350.64
贵州省	2.03	178.14	0.41	73.16
云南省	3.29	328.52	0.58	59.21
西藏自治区	0.09	4.77	0.04	1.24
陕西省	3.71	751.97	0.86	173.44
甘肃省	2.12	234.66	0.52	46.20
青海省	0.45	68.26	0.11	16.42
宁夏回族自治区	0.83	44.73	0.18	11.87
新疆维吾尔自治区	2.77	461.05	0.54	399.21
深圳市	16.13	4 923.50	3.72	1 003.05
合计	1 154.62	193 967.34	358.33	62 799.42

资金流量流向情况季报表

第二季度 单位：万笔、亿元

福建省		江西省		山东省	
笔数	金额	笔数	金额	笔数	金额
9. 68	37 022. 28	3. 17	11 501. 08	20. 37	34 826. 81
1. 91	1 652. 39	0. 40	288. 88	5. 71	1 251. 63
1. 77	1 621. 74	0. 73	104. 27	11. 96	980. 25
1. 17	975. 94	0. 38	117. 79	3. 99	830. 56
0. 71	716. 41	0. 33	78. 38	3. 19	338. 30
2. 31	2 457. 27	0. 69	284. 92	7. 68	1 767. 15
1. 05	1 409. 80	0. 36	318. 29	3. 40	1 650. 25
0. 99	1 394. 55	0. 38	147. 57	3. 45	720. 29
17. 05	15 075. 02	4. 77	1 778. 00	19. 45	7 181. 94
9. 60	5 161. 91	4. 24	763. 41	28. 84	3 582. 70
16. 14	3 609. 04	9. 20	1 125. 06	20. 57	2 532. 20
2. 73	1 615. 34	1. 99	172. 72	6. 28	990. 96
505. 13	44 781. 41	4. 65	1 627. 69	5. 26	3 314. 76
4. 95	1 555. 11	138. 46	17 558. 02	2. 94	283. 59
5. 18	3 512. 40	1. 74	285. 99	642. 24	74 829. 87
2. 33	1 840. 40	1. 07	385. 41	9. 71	1 133. 90
2. 71	2 519. 67	1. 88	285. 57	3. 86	1 112. 52
2. 87	2 103. 09	2. 37	422. 14	2. 54	561. 57
17. 93	6 137. 92	9. 51	1 630. 18	9. 92	1 948. 57
0. 64	99. 71	0. 28	24. 61	0. 41	79. 18
2. 30	818. 01	0. 96	228. 50	1. 53	234. 96
1. 54	1 383. 13	0. 68	293. 91	1. 87	1 300. 66
2. 30	2 141. 23	1. 34	324. 13	3. 61	924. 17
1. 00	115. 43	0. 47	79. 57	0. 92	97. 76
1. 39	927. 37	0. 61	154. 29	1. 35	275. 24
0. 08	9. 87	0. 03	2. 52	0. 07	3. 23
1. 40	1 891. 92	0. 44	216. 93	2. 95	378. 19
0. 68	112. 80	0. 27	58. 98	1. 56	432. 29
0. 14	16. 39	0. 05	5. 91	0. 35	105. 29
0. 24	42. 41	0. 07	3. 13	0. 84	103. 31
0. 72	722. 78	0. 27	69. 44	2. 07	434. 47
13. 13	5 873. 10	7. 13	856. 89	6. 88	3 029. 76
631. 77	149 315. 84	198. 92	41 194. 18	835. 77	147 236. 33

2012 年

资金流出 \ 资金流入	河南省		湖北省	
	笔数	金额	笔数	金额
北京市	8.98	16 468.46	7.27	21 356.64
天津市	1.44	450.57	0.94	194.95
河北省	3.96	627.87	2.06	165.56
山西省	3.62	708.19	1.30	143.10
内蒙古自治区	1.23	105.28	0.92	100.63
辽宁省	2.19	769.80	1.73	318.54
吉林省	1.06	1 019.46	0.93	1 436.76
黑龙江省	1.00	239.30	1.01	351.03
上海市	7.14	3 783.71	7.53	3 683.51
江苏省	8.77	846.85	7.11	1 006.56
浙江省	7.83	1 037.58	7.89	2 665.70
安徽省	3.80	271.72	2.91	265.15
福建省	2.55	1 738.18	2.96	2 580.69
江西省	1.91	309.36	3.27	268.45
山东省	8.13	618.12	4.28	778.07
河南省	263.82	36 666.13	4.66	540.08
湖北省	4.26	692.20	204.14	32 002.17
湖南省	1.89	624.37	4.46	486.76
广东省	7.07	952.66	9.29	2 376.49
海南省	0.29	36.26	0.39	31.22
广西壮族自治区	0.99	206.17	1.32	200.09
重庆市	1.18	916.34	2.33	592.80
四川省	2.54	561.40	2.82	484.37
贵州省	0.74	98.45	0.98	166.78
云南省	0.88	79.82	1.18	154.40
西藏自治区	0.06	48.51	0.07	5.67
陕西省	2.62	370.75	1.56	163.52
甘肃省	1.11	483.15	0.71	99.27
青海省	0.31	27.60	0.19	28.63
宁夏回族自治区	0.45	43.60	0.31	34.56
新疆维吾尔自治区	1.19	114.07	0.82	175.29
深圳市	5.40	860.76	7.50	1 101.66
合计	358.41	71 776.69	294.84	73 959.10

资金流量流向情况季报表

第二季度　　　　单位：万笔、亿元

湖南省		广东省		海南省	
笔数	金额	笔数	金额	笔数	金额
4.98	13 505.76	22.33	68 321.97	2.10	2 848.81
0.55	414.99	3.97	1 435.36	0.25	124.96
1.16	403.77	5.15	1 068.55	0.32	32.41
0.65	417.18	2.49	553.97	0.22	21.57
0.53	71.24	2.06	240.70	0.14	14.35
0.91	320.58	7.39	2 224.13	0.37	46.65
0.44	445.46	4.34	1 275.55	0.20	46.06
0.46	161.69	4.35	874.78	0.37	20.94
4.31	2 439.26	28.51	22 001.06	1.96	457.14
3.71	940.97	22.01	3 696.36	0.76	131.40
5.09	665.85	33.95	2 896.55	1.18	83.76
1.32	190.89	6.69	1 501.96	0.37	35.44
2.14	2 135.29	18.97	6 537.29	0.69	93.63
3.65	373.07	10.65	1 673.15	0.38	35.70
2.15	661.10	13.79	1 786.12	0.64	75.00
1.63	459.05	7.57	851.58	0.41	67.87
3.44	529.09	9.14	2 203.41	0.37	44.59
205.07	20 886.31	11.61	1 694.10	0.40	61.17
13.06	1 882.08	817.15	96 395.00	2.60	270.34
0.40	33.73	4.02	280.15	35.10	3 592.55
1.80	415.78	11.39	962.47	0.36	67.90
1.22	1 082.94	4.80	818.42	0.28	58.56
1.66	418.53	8.37	1 526.42	0.37	42.81
1.54	63.09	3.18	306.13	0.17	4.85
1.19	82.93	5.37	826.17	0.21	29.95
0.04	3.40	0.10	7.41	0.01	1.44
0.78	229.75	3.55	400.91	0.19	32.69
0.47	288.24	2.09	548.21	0.13	50.20
0.11	9.72	0.35	104.25	0.02	0.58
0.15	24.28	0.82	47.48	0.03	3.31
0.53	77.12	2.13	664.12	0.11	25.53
8.85	1 057.48	107.37	16 146.77	1.62	559.52
273.99	50 690.62	1 185.66	239 870.50	52.33	8 981.68

2012 年

资金流入 资金流出	广西壮族自治区		重庆市	
	笔数	金额	笔数	金额
北京市	3. 37	10 174. 85	4. 08	17 901. 53
天津市	0. 26	83. 50	0. 56	491. 41
河北省	0. 52	111. 04	0. 91	228. 79
山西省	0. 22	77. 53	0. 54	128. 69
内蒙古自治区	0. 15	89. 91	0. 40	197. 02
辽宁省	0. 46	616. 65	0. 75	643. 12
吉林省	0. 26	319. 36	0. 49	1 212. 60
黑龙江省	0. 28	389. 48	0. 38	694. 93
上海市	4. 19	1 404. 00	4. 64	3 207. 99
江苏省	1. 61	375. 25	3. 11	1 122. 69
浙江省	2. 46	322. 63	3. 49	964. 41
安徽省	0. 58	70. 78	0. 81	96. 62
福建省	1. 56	714. 80	1. 41	1 475. 30
江西省	0. 89	332. 39	0. 79	335. 26
山东省	1. 28	204. 41	1. 89	1321. 93
河南省	0. 78	138. 15	1. 29	798. 41
湖北省	0. 83	326. 78	1. 66	550. 67
湖南省	1. 55	487. 06	1. 09	1 081. 47
广东省	11. 80	1 509. 52	3. 62	961. 46
海南省	0. 46	58. 63	0. 20	50. 88
广西壮族自治区	122. 01	14 263. 31	0. 70	324. 51
重庆市	0. 53	415. 76	105. 68	25 866. 48
四川省	0. 99	202. 05	9. 88	1 126. 41
贵州省	0. 95	142. 24	2. 44	241. 94
云南省	1. 13	131. 34	1. 42	337. 16
西藏自治区	0. 01	1. 58	0. 09	19. 17
陕西省	0. 31	111. 75	0. 79	330. 65
甘肃省	0. 18	86. 81	0. 38	90. 00
青海省	0. 03	5. 81	0. 12	20. 87
宁夏回族自治区	0. 06	32. 76	0. 14	24. 84
新疆维吾尔自治区	0. 16	42. 00	0. 53	171. 47
深圳市	5. 52	717. 63	3. 53	1 577. 48
合计	165. 39	33 959. 76	157. 81	63 596. 16

资金流量流向情况季报表

第二季度　　单位：万笔、亿元

四川省		贵州省		云南省	
笔数	金额	笔数	金额	笔数	金额
8.13	27 101.72	2.09	4 114.34	2.90	8 557.23
1.13	568.06	0.15	80.01	0.27	134.40
1.54	252.47	0.29	35.93	0.53	106.31
0.83	173.23	0.17	34.76	0.23	81.44
0.73	196.16	0.10	16.86	0.18	51.55
1.39	1 075.34	0.26	35.41	0.38	191.11
1.18	1 861.19	0.13	173.12	0.23	212.46
0.74	543.04	0.13	48.83	0.22	61.94
9.94	2 617.14	1.99	859.35	2.86	1 666.72
5.07	1 687.39	1.46	176.50	1.58	234.57
9.49	967.40	1.59	157.06	2.36	379.96
1.49	340.92	0.34	118.03	0.47	50.11
2.04	1 961.77	0.79	139.09	1.05	985.55
1.64	376.21	0.45	91.28	0.64	193.97
3.12	946.38	0.68	110.76	0.97	275.33
2.41	668.60	0.47	82.71	0.66	112.19
2.51	528.98	0.52	131.84	0.73	158.81
1.68	429.79	0.89	134.50	0.85	116.23
7.33	1 475.63	2.12	355.82	3.23	901.72
0.32	22.11	0.10	5.58	0.15	19.32
1.16	204.11	0.83	144.51	0.99	191.62
11.13	1 115.42	1.69	257.15	1.09	312.32
296.58	40 219.62	1.53	637.28	3.13	418.31
2.76	428.99	79.29	9 775.80	1.71	112.45
3.90	339.76	1.16	131.40	124.46	20 966.51
0.62	63.20	0.01	1.18	0.03	3.28
2.15	300.94	0.24	34.26	0.37	42.28
1.34	154.14	0.10	9.20	0.19	52.79
0.39	52.25	0.02	1.68	0.04	11.94
0.37	22.40	0.03	6.35	0.07	9.32
1.41	252.39	0.09	17.00	0.13	134.41
7.63	1 448.11	1.73	235.61	2.34	904.94
392.15	88 394.86	101.44	18 153.20	155.04	37 651.09

2012 年

资金流入 资金流出	西藏自治区		陕西省	
	笔数	金额	笔数	金额
北京市	0.27	1 072.45	5.89	11 429.17
天津市	0.02	9.46	0.78	162.54
河北省	0.07	9.21	1.45	333.10
山西省	0.02	1.22	2.37	284.50
内蒙古自治区	0.02	5.60	1.99	285.05
辽宁省	0.04	4.09	1.01	609.05
吉林省	0.02	0.54	0.42	495.36
黑龙江省	0.02	3.14	0.46	748.41
上海市	0.11	11.43	7.59	3 177.12
江苏省	0.09	11.92	3.21	692.96
浙江省	0.21	9.14	3.35	824.24
安徽省	0.06	3.03	0.90	137.36
福建省	0.05	3.77	1.20	1 970.08
江西省	0.03	2.35	0.65	182.95
山东省	0.08	10.81	2.88	404.08
河南省	0.09	13.84	2.59	374.89
湖北省	0.07	5.62	1.39	175.44
湖南省	0.05	4.10	0.75	247.78
广东省	0.20	18.98	2.65	400.29
海南省	0.02	0.92	0.13	17.65
广西壮族自治区	0.02	2.69	0.38	76.86
重庆市	0.08	22.76	0.85	270.38
四川省	0.46	56.06	2.29	363.14
贵州省	0.01	0.61	0.35	26.49
云南省	0.04	1.80	0.48	43.35
西藏自治区	4.38	936.50	0.07	5.73
陕西省	0.05	3.06	141.50	23 356.54
甘肃省	0.13	4.97	3.18	366.88
青海省	0.07	21.94	0.54	44.80
宁夏回族自治区	0.01	0.46	1.63	174.93
新疆维吾尔自治区	0.03	3.77	1.20	150.70
深圳市	0.13	17.65	3.18	619.92
合计	6.95	2 273.89	197.31	48 451.74

资金流量流向情况季报表

第二季度　　　　单位：万笔、亿元

甘肃省		青海省		宁夏回族自治区	
笔数	金额	笔数	金额	笔数	金额
1.99	10 326.30	0.66	1 605.41	1.07	3 561.52
0.22	147.19	0.06	7.02	0.19	253.42
0.47	115.78	0.13	13.36	0.34	33.28
0.28	241.00	0.11	27.54	0.22	33.60
0.50	116.08	0.09	17.14	1.37	114.53
0.27	311.99	0.09	27.91	0.19	130.65
0.12	247.40	0.03	27.30	0.06	31.36
0.12	117.08	0.03	2.90	0.06	33.27
1.99	692.16	0.35	166.96	0.62	120.42
1.02	880.23	0.41	102.29	0.67	117.68
1.22	253.42	0.41	62.48	0.69	64.58
0.51	63.84	0.09	27.04	0.17	17.10
0.36	161.40	0.14	12.54	0.23	55.94
0.24	19.67	0.08	11.91	0.13	8.01
0.82	391.05	0.28	92.85	0.59	107.38
0.78	265.26	0.25	33.69	0.36	24.35
0.38	146.75	0.13	26.19	0.16	32.57
0.26	173.59	0.08	8.18	0.11	34.17
1.07	523.40	0.30	128.14	0.49	73.29
0.05	42.55	0.01	0.38	0.01	1.72
0.14	58.05	0.03	8.73	0.05	35.85
0.27	238.65	0.11	12.55	0.12	34.37
0.93	187.81	0.33	68.09	0.30	31.78
0.08	18.18	0.02	5.92	0.03	6.76
0.12	37.97	0.05	14.67	0.05	8.98
0.15	8.84	0.11	8.85	0.01	0.48
1.81	342.44	0.33	56.59	0.95	148.99
67.27	16 871.07	0.97	134.29	0.88	127.09
1.36	101.47	15.16	2 829.91	0.15	4.05
1.17	171.34	0.09	4.38	41.50	4 256.25
0.99	122.16	0.13	10.15	0.13	21.20
0.82	428.42	0.28	29.71	0.50	238.66
87.78	33 822.54	21.34	5 585.07	52.40	9 763.30

2012 年

资金流入 / 资金流出	新疆维吾尔自治区	
	笔数	金额
北京市	2. 17	8 522. 05
天津市	0. 26	142. 59
河北省	0. 58	71. 86
山西省	0. 22	97. 28
内蒙古自治区	0. 20	58. 81
辽宁省	0. 30	390. 95
吉林省	0. 10	339. 60
黑龙江省	0. 12	55. 48
上海市	2. 64	1 276. 34
江苏省	1. 38	821. 81
浙江省	1. 97	698. 81
安徽省	0. 37	426. 75
福建省	0. 53	692. 45
江西省	0. 24	66. 62
山东省	1. 28	450. 66
河南省	0. 92	105. 20
湖北省	0. 49	116. 99
湖南省	0. 32	124. 33
广东省	0. 95	694. 21
海南省	0. 04	17. 91
广西壮族自治区	0. 09	88. 86
重庆市	0. 37	162. 60
四川省	1. 02	318. 17
贵州省	0. 06	9. 34
云南省	0. 12	136. 46
西藏自治区	0. 03	3. 37
陕西省	0. 61	106. 21
甘肃省	0. 68	98. 28
青海省	0. 10	9. 00
宁夏回族自治区	0. 14	25. 07
新疆维吾尔自治区	69. 01	11 323. 29
深圳市	1. 08	470. 49
合计	88. 39	27 921. 84

资金流量流向情况季报表

第二季度　　　　　　单位：万笔、亿元

深圳市		合计	
笔数	金额	笔数	金额
18.25	80 429.65	602.01	1 600 549.48
2.55	2 167.00	179.94	72 178.61
2.93	1 702.51	369.37	62 652.63
1.48	637.87	195.49	44 789.93
1.35	752.94	152.75	39 192.96
4.31	2 192.20	327.65	106 325.71
1.86	823.34	143.53	64 292.55
2.21	845.78	155.37	45 084.31
19.12	22 534.92	673.43	561 278.08
13.20	4 922.46	1 031.43	236 410.28
15.88	4 543.59	1 201.02	193 357.37
3.82	934.71	378.42	62 823.18
8.34	5 585.69	621.48	148 845.61
6.70	1 115.63	214.34	41 354.47
7.76	3 210.73	844.52	146 750.45
4.22	889.97	361.68	71 650.93
5.53	1 028.78	287.46	73 946.06
6.30	1 065.89	274.15	50 792.84
81.64	15 428.06	1 121.50	238 843.98
1.56	534.56	50.51	8 888.55
4.15	411.45	165.53	33 792.16
2.65	1 500.14	160.80	63 627.49
5.46	1 344.98	386.13	88 344.17
1.76	218.37	108.91	18 028.24
2.32	1 106.72	163.19	37 516.31
0.08	6.72	6.78	2 109.90
2.66	597.98	194.14	48 573.85
1.18	194.94	96.58	33 763.25
0.24	23.69	22.70	5 448.09
0.52	237.69	56.71	9 746.27
1.24	372.79	98.48	27 569.20
257.31	67 649.57	533.34	225 617.06
488.58	225 011.32	11 179.34	4 464 143.97

2012 年

资金流入 / 资金流出	政策性银行		国有商业银行	
	笔数	金额	笔数	金额
政策性银行	0.61	17 307.64	25.97	22 527.15
国有商业银行	21.42	24 739.55	3 184.77	932 143.15
股份制商业银行	3.91	28 817.12	1 306.98	249 743.97
城市商业银行	3.19	27 683.65	825.76	110 364.33
农村商业银行	0.51	7 536.34	144.41	23 015.35
城市信用社			0.03	1.66
农村信用社	4.41	7 618.74	639.89	62 583.23
外资银行	0.35	3 103.17	96.92	25 933.66
中国邮政储蓄银行	0.51	7 651.53	77.55	16 087.24
其他	1.87	21 945.29	100.04	192 568.94
合计	36.78	146 403.03	6 402.32	1 634 968.68

资金流量流向情况季报表

第二季度　　　　单位：万笔、亿元

股份制商业银行		城市商业银行	
笔数	金额	笔数	金额
3.60	27 085.55	3.09	27 739.48
1 263.54	254 177.27	545.25	111 406.11
462.04	681 895.54	190.40	123 324.43
239.85	116 712.29	81.29	96 995.96
32.87	20 767.25	13.48	14 199.51
	0.03		0.07
114.52	42 383.67	75.62	22 960.90
32.97	24 156.56	10.23	6 637.51
13.22	10 704.07	7.78	9 679.89
19.48	126 216.04	19.03	65 855.21
2 182.09	1 304 098.27	946.17	478 799.07

2012 年

资金流入 / 资金流出	农村商业银行		城市信用社	
	笔数	金额	笔数	金额
政策性银行	0.47	7 568.23		
国有商业银行	116.32	22 032.17	0.03	3.53
股份制商业银行	38.51	21 335.32		0.03
城市商业银行	20.80	14 874.35		0.14
农村商业银行	8.77	3 412.84		
城市信用社				
农村信用社	12.13	4 289.91		0.15
外资银行	3.29	2 153.71		0.02
中国邮政储蓄银行	1.40	533.75		
其他	2.13	16 974.06		21.79
合计	203.82	93 174.34	0.03	25.66

资金流量流向情况季报表

第二季度 单位：万笔、亿元

农村信用社		外资银行	
笔数	金额	笔数	金额
6. 14	7 811. 31	0. 26	2 817. 33
607. 82	57 953. 26	63. 46	27 163. 82
131. 51	44 384. 86	29. 09	24 625. 14
110. 63	25 325. 16	13. 38	7 317. 70
23. 47	4 458. 15	2. 16	1 605. 22
	0. 05		
28. 02	14 462. 01	4. 56	510. 62
5. 22	586. 42	12. 31	59 076. 15
11. 96	1 770. 60	0. 42	2 037. 73
20. 62	32 523. 46	8. 48	15 012. 75
945. 39	189 275. 28	134. 12	140 166. 46

2012 年

资金流入 资金流出	中国邮政储蓄银行	
	笔数	金额
政策性银行	0.83	7 289.48
国有商业银行	150.37	14 544.32
股份制商业银行	21.85	11 957.68
城市商业银行	18.62	9 356.65
农村商业银行	3.21	603.81
城市信用社		0.01
农村信用社	19.10	1 245.69
外资银行	0.71	2 142.50
中国邮政储蓄银行		
其他	4.89	9 141.34
合计	219.58	56 281.48

资金流量流向情况季报表

第二季度　　　　单位：万笔、亿元

其他		合计	
笔数	金额	笔数	金额
1. 64	18 445. 36	42. 61	138 591. 53
51. 06	155 021. 72	6 004. 04	1 599 184. 90
10. 81	74 091. 13	2 195. 10	1 260 175. 22
10. 28	49 006. 33	1 323. 80	457 636. 56
1. 20	12 772. 40	230. 08	88 370. 87
		0. 03	1. 82
11. 55	29 659. 86	909. 80	185 714. 78
1. 55	12 221. 91	163. 55	136 011. 61
3. 74	8 051. 18	116. 58	56 515. 99
17. 18	61 681. 66	193. 72	541 940. 54
109. 01	420 951. 55	11 179. 31	4 464 143. 82

2012 年

项目 行别	发起业务			
	借记		贷记	
	笔数	金额	笔数	金额
政策性银行	2.89	157.27	12.74	13.76
国有商业银行	881.97	21 309.78	9 149.72	8 837.66
股份制商业银行	236.17	14 290.82	3 942.68	3 477.81
城市商业银行	160.13	6 460.91	1 426.10	1 340.04
农村商业银行	31.42	355.84	157.62	169.03
城市信用社	0.00	0.00	0.00	0.00
农村信用社	137.74	5 354.58	893.86	954.61
外资银行	5.71	42.80	616.16	374.10
中国邮政储蓄银行	4.04	142.01	145.07	95.77
其他	1.06	3 098.94	471.37	6 514.25
合计	1 461.13	51 212.95	16 815.32	21 777.03

业务情况季报表

第二季度　　　　　　　　　　　　　　　　　　单位：万笔、亿元

接收业务				应付总金额	应收总金额
借记		贷记			
笔数	金额	笔数	金额		
2.63	207.07	10.52	21.69	220.83	178.96
861.44	24 551.04	9 525.68	9 979.36	33 388.70	31 289.14
238.23	12 102.07	3 320.28	3 725.61	15 579.88	18 016.43
149.64	5 372.75	1 287.86	1 612.75	6 712.79	8 073.66
37.30	359.66	246.96	293.00	528.69	648.84
0.00	0.00	0.09	0.12	0.00	0.12
160.42	5 333.50	1 633.45	1 460.96	6 288.11	6 815.54
5.95	42.93	142.08	146.88	417.03	189.68
4.45	142.44	641.74	337.57	238.21	479.58
1.07	3 101.47	6.59	4 199.07	9 615.72	7 298.01
1 461.13	51 212.93	16 815.25	21 777.01	72 989.96	72 989.96

2012 年

行别＼项目	提出票据			
	借记		贷记	
	笔数	金额	笔数	金额
政策性银行	1.60	185.23	10.58	1 414.54
国有商业银行	2 255.45	18 945.37	1 618.19	54 729.17
股份制商业银行	1 009.84	8 955.75	526.50	26 481.26
城市商业银行	443.70	6 080.71	426.15	14 719.50
农村商业银行	299.35	3 080.24	315.27	6 860.66
城市信用社	8.95	70.74	0.99	21.71
农村信用社	170.78	1 720.96	286.08	5 039.41
外资银行	8.38	139.53	22.18	706.84
中国邮政储蓄银行	41.42	535.01	29.93	1 527.44
其他	1 004.75	1 185.69	1 043.75	8 353.72
合计	5 244.22	40 899.23	4 279.62	119 854.25

情况季报表

第二季度　　单位：万笔、亿元

提入票据				应付总金额	应收总金额
借记		贷记			
笔数	金额	笔数	金额		
4.69	200.35	6.05	1 345.90	1 614.89	1 531.13
2 823.43	20 893.74	2 276.93	56 830.62	75 622.91	75 775.99
662.06	9 327.43	505.96	23 687.10	35 808.69	32 642.85
493.77	4 990.44	375.47	11 608.15	19 709.94	17 688.86
487.59	2 633.12	233.05	8 372.30	9 493.78	11 452.54
3.90	42.00	0.82	26.72	63.71	97.46
380.30	1 115.97	220.29	4 123.09	6 155.38	5 844.05
11.07	161.94	8.61	597.73	868.78	737.26
330.69	405.64	109.27	1 538.73	1 933.08	2 073.74
46.72	1 128.60	543.17	11 723.91	9 482.32	12 909.60
5 244.22	40 899.23	4 279.62	119 854.25	160 753.48	160 753.48

2012 年

业务量 行别	借记	
	笔数	金额
政策性银行		
国有商业银行	49 959.40	176 449.53
股份制商业银行	5 004.41	109 964.54
城市商业银行	7 539.17	80 945.44
农村商业银行	9 595.17	27 682.03
城市信用社		
农村信用社	3 740.88	16 623.19
外资银行	0.21	2.91
中国邮政储蓄银行	0.41	5.75
合计	75 839.65	411 673.39

支付业务情况季报表

第二季度 单位：万笔、亿元

贷记		小计	
笔数	金额	笔数	金额
18.32	1 341.94	18.32	1 341.94
94 873.54	688 225.66	144 832.94	864 675.19
9 721.74	182 738.25	14 726.15	292 702.79
4 829.99	131 001.53	12 369.16	211 946.97
9 818.81	37 034.20	19 413.98	64 716.23
		0.00	0.00
5 190.86	27 441.61	8 931.74	44 064.80
11.31	16 381.88	11.52	16 384.79
14 094.28	13 453.25	14 094.69	13 459.00
138 558.85	1 097 618.32	214 398.50	1 509 291.71

2012 年

项目 行别	存现			
	发卡		受理	
	笔数	金额	笔数	金额
政策性银行				
国有商业银行				
股份制商业银行	147. 11	158. 17	53. 05	85. 13
城市商业银行	100. 93	333. 48	162. 78	363. 79
农村商业银行	2. 22	10. 74	33. 47	52. 53
城市信用社	0. 06	0. 13	1. 01	1. 07
农村信用社			0. 01	
外资银行	0. 01			
中国邮政储蓄银行				
其他		0. 01		
合计	250. 33	502. 53	250. 32	502. 52

交易情况季报表

第二季度　　　　单位：万笔、亿元

取现							
ATM				柜面			
发卡		受理		发卡		受理	
笔数	金额	笔数	金额	笔数	金额	笔数	金额
31 970.28	3 092.49	32 844.98	3 408.95	232.55	29.70		
14 334.75	1 507.62	10 425.29	996.12	51.14	106.33	22.98	76.14
6 371.45	710.10	3 622.11	323.01	76.00	316.08	74.92	324.79
1 436.69	134.19	4 512.94	399.43	11.87	13.97	18.30	30.86
66.15	5.95	10.55	0.88	0.10	0.18	0.18	0.59
5 609.23	577.15	6 879.01	655.65	22.25	3.28	284.73	36.88
151.98	21.81	143.41	16.18				
6 421.32	424.83	7 540.60	611.70	48.46	5.05	42.00	5.49
219.96	33.30	602.93	95.53	0.76	0.15	0.01	
66 581.81	6 507.44	66 581.82	6 507.45	443.13	474.74	443.12	474.75

2012 年

项目 / 行别	POS 消费			
	发卡		收单	
	笔数	金额	笔数	金额
政策性银行				
国有商业银行	67 760. 23	23 107. 24	61 177. 34	15 202. 08
股份制商业银行	45 639. 72	8 667. 68	24 240. 29	10 983. 85
城市商业银行	7 734. 55	1 772. 37	5 859. 22	1 655. 37
农村商业银行	1 842. 15	553. 21	2 474. 45	578. 07
城市信用社	14. 86	6. 35	8. 26	5. 11
农村信用社	3 758. 20	2 761. 19	2 985. 93	1 491. 60
外资银行	91. 82	29. 93	58. 55	41. 47
中国邮政储蓄银行	6 432. 47	1 585. 11	1 791. 21	433. 94
其他	441. 73	67. 89	35 120. 47	8 159. 49
合计	133 715. 73	38 550. 97	133 715. 72	38 550. 98

交易情况季报表

第二季度　　　　　　　　　　　　　　　　　　　　单位：万笔、亿元

转账							
ATM				柜面			
发卡		受理		发卡		受理	
笔数	金额	笔数	金额	笔数	金额	笔数	金额
104.42	67.70	101.14	64.16				
86.02	36.07	74.03	34.59	0.26	3.89	0.02	0.20
39.11	28.35	34.10	26.74	8.23	87.89	8.62	93.73
48.72	12.31	58.70	12.91	0.23	3.57	0.07	1.36
0.19	0.10	0.15	0.09		0.02	0.01	0.08
93.06	47.79	96.82	47.56				
0.36	0.27	0.31	0.21				
67.17	11.41	68.94	15.88				
0.32	0.29	5.17	2.17		0.02		0.02
439.37	204.29	439.36	204.31	8.72	95.39	8.72	95.39

三、银行结算账户类报表

银行结算账户数量

2012 年

账户性质 / 行别	本地存款人					异地存							
	基本存款账户	一般存款账户	专用存款账户	临时存款账户	小计	基本存款账户				一般存款账户			
						同一地市	同一省市	不同省市	小计	同一地市	同一省市	不同省市	小计
政策性银行	46 848	36 356	66 248	539	149 991	1 682	71	30	1 783	5 669	14 077	2 078	21 824
国有商业银行	9 791 904	3 591 136	1 517 226	57 459	14 957 725	106 115	17 924	6 679	130 718	202 733	116 918	116 613	436 264
股份制银行	1 820 728	1 727 151	153 488	7 558	3 708 925	18 760	4 670	2 712	26 142	140 690	146 835	96 365	383 890
城市商业银行	2 027 102	1 357 008	210 061	13 043	3 607 214	29 576	4 146	4 847	38 569	92 269	65 652	43 504	201 425
农村商业银行	881 215	252 202	68 657	1 494	1 203 568	6 394	1 691	666	8 751	15 686	8 028	5 369	29 083
城市信用社	41 616	16 032	3 458	414	61 520	956	50	19	1 025	2 522	830	553	3 905
农村信用社	2 943 109	829 620	322 572	20 442	4 115 743	26 165	3 574	1 154	30 893	69 862	25 887	19 532	115 281
外资银行	20 001	75 292	2 753	35	98 081	154	41	702	897	3 576	7 877	21 925	33 378
中国邮政储蓄银行	223 896	169 445	35 221	2 511	431 073	2 004	275	71	2 350	7 248	3 663	2 057	12 968
其他	19 766	58 952	3 548	357	82 623	307	152	6	465	4 778	1 716	1 014	7 508
合计	17 816 185	8 113 194	2 383 232	103 852	28 416 463	192 113	32 594	16 886	241 593	545 033	391 483	309 010	1 245 526

注：本报表中空格部分表示该项户数小于 50 户。

季报表（按行别）

第二季度 单位：户

款人									个人银行账户	合计
专用存款账户				临时存款账户				小计		
同一地市	同一省市	不同省市	小计	同一地市	同一省市	不同省市	小计			
4 140	1 043	257	5 440	224	594	458	1 276	30 323	54	180 368
36 975	22 907	23 467	83 349	11 309	39 770	49 640	100 719	751 050	2 760 361 999	2 776 070 774
4 412	5 104	12 960	22 476	225	1 459	3 460	5 144	437 652	463 188 679	467 335 256
5 901	3 410	3 504	12 815	694	3 359	4 080	8 133	260 942	180 422 969	184 291 125
1 040	533	239	1 812	184	419	839	1 442	41 088	76 864 032	78 108 688
164	87	32	283	47	221	116	384	5 597	2 576 333	2 643 450
8 023	3 680	972	12 675	3 270	6 820	4 463	14 553	173 402	433 745 978	438 035 123
89	412	765	1 266			13	13	35 554	1 804 075	1 937 710
1 207	552	464	2 223	417	1 033	532	1 982	19 523	560 673 599	561 124 195
167	134	58	359	62	173	123	358	8 690	622 708	714 021
62 118	37 862	42 718	142 698	16 432	53 848	63 724	134 004	1 763 821	4 480 260 426	4 510 440 710

银行结算账户数量季报表

2012 年

注册资金规模 / 账户性质 / 行别	100 万元以下				100 万～1 000 万元			
	基本存款账户	一般存款账户	专用存款账户	临时存款账户	基本存款账户	一般存款账户	专用存款账户	临时存款账户
政策性银行	22 851	13 208	27 056	568	17 102	11 468	20 958	146
国有商业银行	8 136 085	1 938 570	997 653	62 825	1 363 881	1 211 071	270 307	20 430
股份制商业银行	1 467 003	790 394	74 639	7 717	285 224	637 016	30 241	744
城市商业银行	1 734 473	760 900	111 674	13 499	267 465	460 276	44 906	1 642
农村商业银行	774 733	145 100	49 171	1 827	93 516	83 459	12 272	314
城市信用社	36 555	9 213	2 335	459	4 899	6 300	684	106
农村信用社	2 586 987	480 815	257 556	20 731	322 411	288 596	43 193	3 557
外资银行	16 225	30 447	776	35	2 967	33 524	1 119	1
中国邮政储蓄银行	209 096	105 659	28 978	2 534	15 245	47 800	3 929	447
其他	15 499	26 376	2 095	363	3 814	23 603	825	69
合计	14 999 507	4 300 682	1 551 933	110 558	2 376 524	2 803 113	428 434	27 456

（按注册资金规模）

第二季度　　　　　　　　　　　　　　　　　　　　　　　　　　单位：户

1 000 万～1 亿元				1 亿元以上				小计				合计
基本存款账户	一般存款账户	专用存款账户	临时存款账户	基本存款账户	一般存款账户	专用存款账户	临时存款账户	基本存款账户	一般存款账户	专用存款账户	临时存款账户	
7 380	18 322	17 155	688	1 298	15 182	6 519	413	48 631	58 180	71 688	1 815	180 314
359 857	694 975	216 400	45 948	62 799	182 784	116 215	28 975	9 922 622	4 027 400	1 600 575	158 178	15 708 775
81 955	498 497	31 810	1 850	12 688	185 134	39 274	2 391	1 846 870	2 111 041	175 964	12 702	4 146 577
57 857	265 390	31 177	3 979	5 876	71 867	35 119	2 056	2 065 671	1 558 433	222 876	21 176	3 868 156
20 243	43 061	6 852	543	1 474	9 665	2 174	252	889 966	281 285	70 469	2 936	1 244 656
1 081	3 760	572	186	106	664	150	47	42 641	19 937	3 741	798	67 117
59 995	147 380	28 087	8 575	4 609	28 110	6 411	2 132	2 974 002	944 901	335 247	34 995	4 289 145
1 268	29 727	1 333		438	14 972	791	12	20 898	108 670	4 019	48	133 635
1 765	23 552	3 265	1 186	140	5 402	1 272	326	226 246	182 413	37 444	4 493	450 596
838	13 947	743	209	80	2 534	244	74	20 231	66 460	3 907	715	91 313
592 239	1 738 611	337 394	63 164	89 508	516 314	208 169	36 678	18 057 778	9 358 720	2 525 930	237 856	30 180 284

2012 年

行业分类 / 账户性质 / 行别	农、林、牧、渔业				采掘业			
	基本存款账户	一般存款账户	专用存款账户	临时存款账户	基本存款账户	一般存款账户	专用存款账户	临时存款账户
政策性银行	23 793	6 162	23 515	109	75	497	96	
国有商业银行	428 855	132 833	59 156	3 635	84 507	38 377	20 231	1 382
股份制商业银行	25 023	44 952	2 655	164	2 825	16 113	657	33
城市商业银行	52 343	44 791	4 981	520	6 568	11 944	1 860	93
农村商业银行	61 021	8 228	2 931	121	2 512	982	208	12
城市信用社	1 981	1 089	179	31	718	587	54	8
农村信用社	322 267	44 857	21 877	1 618	32 223	13 595	5 392	311
外资银行	124	1 254	27		24	364	6	
中国邮政储蓄银行	12 437	9 506	1 786	143	851	1 899	222	24
其他	2 660	5 433	326	20	148	935	21	2
合计	930 504	299 105	117 433	6 361	130 451	85 293	28 747	1 865

季报表（按行业归属）

第二季度 单位：户

制造业				电力、燃气及水的生产和供应业				建筑业			
基本存款账户	一般存款账户	专用存款账户	临时存款账户	基本存款账户	一般存款账户	专用存款账户	临时存款账户	基本存款账户	一般存款账户	专用存款账户	临时存款账户
2 612	8 674	5 759	17	495	2 305	804	25	448	6 504	1 775	1 040
1 370 538	908 855	186 187	4 074	81 968	47 272	38 176	2 450	344 252	234 505	82 037	77 861
132 035	436 016	23 195	347	7 090	22 982	2 164	89	59 293	108 400	10 163	4 547
173 155	287 668	22 024	718	8 511	14 447	2 197	143	74 090	97 610	16 821	6 639
250 977	90 894	18 694	190	3 990	2 684	610	18	28 224	16 948	2 269	895
3 981	4 409	281	27	354	372	49	6	1 493	1 366	253	247
552 618	240 635	19 083	966	32 627	13 580	7 294	471	80 628	57 616	10 693	12 270
1 796	39 728	1 891		43	670	37		460	2 153	52	13
10 010	36 739	636	112	1 020	3 253	745	73	5 938	9 262	1 646	1 660
1 878	21 851	511	10	140	741	71	10	835	3 620	218	287
2 499 600	2 075 469	278 261	6 461	136 238	108 306	52 147	3 285	595 661	537 984	125 927	105 459

2012 年

行业分类 / 账户性质 / 行别	交通运输、仓储和邮政业				信息传输、计算机服务和软件业			
	基本存款账户	一般存款账户	专用存款账户	临时存款账户	基本存款账户	一般存款账户	专用存款账户	临时存款账户
政策性银行	3 427	1 803	4 175	61	59	560	50	4
国有商业银行	222 720	95 833	56 811	4 886	307 157	110 038	41 364	818
股份制商业银行	31 245	46 621	4 014	256	117 061	80 844	4 274	106
城市商业银行	33 477	31 809	4 575	424	84 013	58 012	5 612	99
农村商业银行	15 603	6 009	902	145	12 588	4 172	516	11
城市信用社	686	398	103	11	1 003	324	20	2
农村信用社	49 742	18 660	5 983	1 578	40 814	17 292	2 041	95
外资银行	386	2 751	94		1 499	4 090	76	
中国邮政储蓄银行	4 361	5 664	2 533	197	7 672	6 152	854	15
其他	369	1 110	58	23	321	650	12	1
合计	362 016	210 658	79 248	7 581	572 187	282 134	54 819	1 151

季报表（按行业归属）

第二季度　　单位：户

批发和零售业				住宿和餐饮业				金融业			
基本存款账户	一般存款账户	专用存款账户	临时存款账户	基本存款账户	一般存款账户	专用存款账户	临时存款账户	基本存款账户	一般存款账户	专用存款账户	临时存款账户
7 849	5 416	8 614	20	109	244	95	1	1 843	1 708	4 400	1
3 443 178	1 207 940	220 009	7 952	219 298	64 122	14 930	449	49 100	38 766	71 845	429
724 386	692 388	24 110	1 407	43 492	28 247	1 423	111	10 346	21 970	26 502	59
846 770	521 989	35 668	2 953	44 135	22 037	2 679	133	10 701	10 528	6 868	40
273 641	82 163	9 651	143	18 105	3 304	350	6	1 270	1 863	1 163	9
15 037	5 327	257	33	1 147	320	28		227	171	168	8
758 126	268 823	13 852	3 093	56 321	14 112	1 202	194	10 043	5 898	9 539	112
7 481	30 530	759	3	464	1 369	20		311	1 410	313	2
111 186	52 144	995	153	5 306	2 904	83	11	2 197	1 100	2 023	8
6 649	14 712	290	10	461	835	18		419	1 084	387	
6 194 303	2 881 432	314 205	15 767	388 838	137 494	20 828	905	86 457	84 498	123 208	668

2012 年

行业分类 / 账户性质 / 行别	房地产业				租赁和商务服务业			
	基本存款账户	一般存款账户	专用存款账户	临时存款账户	基本存款账户	一般存款账户	专用存款账户	临时存款账户
政策性银行	274	2 883	922	24	293	2 002	657	7
国有商业银行	184 598	236 448	83 479	3 995	365 003	125 276	42 161	1 545
股份制商业银行	37 626	105 605	10 381	128	107 631	78 130	5 537	181
城市商业银行	31 349	64 535	9 358	303	85 531	55 630	5 242	188
农村商业银行	7 582	11 610	3 093	88	24 426	7 635	1 017	19
城市信用社	845	1 088	196	29	1 095	441	26	8
农村信用社	32 203	45 495	9 892	896	52 540	22 979	2 127	224
外资银行	301	4 338	120	2	2 980	5 183	196	1
中国邮政储蓄银行	2 209	6 020	796	108	9 959	4 769	267	40
其他	334	2 499	156	23	767	1 632	58	5
合计	297 321	480 521	118 393	5 596	650 225	303 677	57 288	2 218

季报表（按行业归属）

第二季度　　单位：户

科学研究、技术服务和地质勘查业				水利、环境和公共设施管理业				居民服务和其他服务业			
基本存款账户	一般存款账户	专用存款账户	临时存款账户	基本存款账户	一般存款账户	专用存款账户	临时存款账户	基本存款账户	一般存款账户	专用存款账户	临时存款账户
84	489	100	11	700	2 262	1 940	175	502	2 725	1 075	26
131 619	37 724	23 563	2 080	68 575	25 364	29 939	8 298	929 876	224 894	66 410	5 090
35 230	24 977	2 629	93	9 240	13 786	2 843	542	192 157	112 899	8 481	748
23 269	17 734	2 677	155	10 430	10 804	3 512	874	214 091	94 863	12 416	1 121
4 610	1 713	268	13	3 984	1 823	642	176	59 186	11 789	3 373	115
329	121	25	6	281	152	99	51	4 307	1 102	135	26
18 240	6 392	733	209	18 528	6 638	4 805	2 105	261 889	51 777	16 737	1 391
501	1 321	38		51	257	13		1 461	3 574	90	8
3 595	1 281	101	33	1 226	1 436	721	688	31 553	13 385	2 147	289
179	363	20	3	114	568	109	92	1 551	3 080	175	15
217 656	92 115	30 154	2 603	113 129	63 090	44 623	13 001	1 696 573	520 088	111 039	8 829

2012 年

行业分类 / 账户性质 / 行别	教育				卫生、社会保障和社会福利业			
	基本存款账户	一般存款账户	专用存款账户	临时存款账户	基本存款账户	一般存款账户	专用存款账户	临时存款账户
政策性银行	57	656	136	10	101	580	344	1
国有商业银行	115 309	19 240	48 881	608	120 195	30 100	77 190	1 023
股份制商业银行	13 480	8 539	3 270	45	11 416	10 219	4 217	105
城市商业银行	19 428	7 505	5 696	103	18 303	9 929	7 286	174
农村商业银行	8 697	1 083	2 081	27	7 762	1 564	2 053	31
城市信用社	556	119	82	3	527	216	295	16
农村信用社	63 888	4 470	14 197	168	58 775	7 062	23 313	283
外资银行	69	194	5		45	166	3	1
中国邮政储蓄银行	2 724	1 339	783	24	2 915	2 934	4 845	74
其他	165	246	39	3	114	333	120	7
合计	224 373	43 391	75 170	991	220 153	63 103	119 666	1 715

季报表（按行业归属）

第二季度　　　　　　　　　　　　　　　　　　　　　　　　单位：户

文化、教育和娱乐业				公共管理与社会组织				其他行业			
基本存款账户	一般存款账户	专用存款账户	临时存款账户	基本存款账户	一般存款账户	专用存款账户	临时存款账户	基本存款账户	一般存款账户	专用存款账户	临时存款账户
68	334	92	2	847	3 390	6 968	50	4 995	8 986	10 171	231
161 867	33 465	25 584	1 294	311 320	35 033	221 553	9 018	982 687	381 315	191 069	21 291
46 644	21 513	2 397	356	27 959	13 374	14 890	915	212 691	223 466	22 162	2 470
32 817	15 780	2 947	382	39 298	13 090	21 281	1 647	257 392	167 728	49 176	4 467
6 604	1 432	470	22	25 287	3 088	11 940	220	73 897	22 301	8 238	675
627	116	54	22	1 527	341	792	79	5 920	1 878	645	185
32 027	6 412	3 034	208	166 397	12 678	104 895	2 773	334 106	85 930	58 558	6 030
504	607	9	3	132	142	22	6	2 266	8 569	248	9
3 363	1 814	332	45	5 915	4 697	10 465	502	1 809	16 115	5 464	294
322	325	22	4	431	968	804	54	2 374	5 475	492	146
284 843	81 798	34 941	2 338	579 113	86 801	393 610	15 264	1 878 137	921 763	346 223	35 798

银行结算账户数量

2012 年

行业分类 / 账户性质 / 行别	小	
	基本存款账户	一般存款账户
政策性银行	48 631	58 180
国有商业银行	9 922 622	4 027 400
股份制商业银行	1 846 870	2 111 041
城市商业银行	2 065 671	1 558 433
农村商业银行	889 966	281 285
城市信用社	42 641	19 937
农村信用社	2 974 002	944 901
外资银行	20 898	108 670
中国邮政储蓄银行	226 246	182 413
其他	20 231	66 460
合计	18 057 778	9 358 720

季报表（按行业归属）

第二季度 单位：户

计		合计
专用存款账户	临时存款账户	
71 688	1 815	180 314
1 600 575	158 178	15 708 775
175 964	12 702	4 146 577
222 876	21 176	3 868 156
70 469	2 936	1 244 656
3 741	798	67 117
335 247	34 995	4 289 145
4 019	48	133 635
37 444	4 493	450 596
3 907	715	91 313
2 525 930	237 856	30 180 284

银行结算账户数量季报表

2012 年

存款人类别 / 账户性质 / 行别	企业法人				非法人企业				机关、事业单位			
	基本存款账户	一般存款账户	专用存款账户	临时存款账户	基本存款账户	一般存款账户	专用存款账户	临时存款账户	基本存款账户	一般存款账户	专用存款账户	临时存款账户
政策性银行	42 455	48 437	55 283	1 205	2 299	1 738	3 130	59	2 509	6 783	12 831	9
国有商业银行	6 002 964	3 457 570	878 149	94 834	811 794	237 510	132 888	4 821	495 882	76 181	545 903	707
股份制商业银行	1 247 517	1 894 536	124 616	4 957	137 458	77 310	10 547	148	22 278	26 654	37 106	23
城市商业银行	1 270 987	1 386 721	153 001	7 705	151 195	66 836	10 041	348	48 412	29 131	52 993	31
农村商业银行	468 957	239 250	37 967	1 314	116 981	18 191	5 152	77	18 769	4 845	18 322	4
城市信用社	23 084	17 373	1 677	352	2 402	868	100	24	2 282	740	1 860	6
农村信用社	1 259 112	794 695	97 079	13 749	269 068	57 149	11 559	668	194 320	24 394	197 001	96
外资银行	14 831	103 198	3 661	13	1 492	3 572	150		5	108	42	0
中国邮政储蓄银行	99 269	138 362	9 387	1 883	12 485	13 208	4 257	84	5 422	8 389	22 109	10
其他	12 695	56 908	2 159	343	1 250	3 539	154	15	315	1 416	1 382	1
合计	10 441 871	8 137 050	1 362 979	126 355	1 506 424	479 921	177 978	6 244	790 194	178 641	889 549	887

注：本报表中空格部分表示该项户数小于 50 户。

（按存款人类别）

第二季度　　　　　　　　　　　　　　　　　　　　　　　　单位：户

社会团体				民办非企业组织				异地常设机构			
基本存款账户	一般存款账户	专用存款账户	临时存款账户	基本存款账户	一般存款账户	专用存款账户	临时存款账户	基本存款账户	一般存款账户	专用存款账户	临时存款账户
164	101	18		88	89	21		1	4	2	
194 277	7 343	6 604	4	84 638	13 216	5 260	5	6 853	626	511	7
29 677	4 366	893		14 645	6 226	542	1	2 428	403	35	
36 434	3 148	1 147		22 272	5 491	1 198		1 534	322	36	
15 515	628	1 931		7 083	804	183		55	9	1	
839	38	24		502	68	9		4	1		
58 848	1 807	2 236	3	32 003	2 920	729	2	295	63	26	
112	74	5		26	102			19	19		
3 964	664	343		2 906	1 054	187		7	11		
431	192	7		233	229	13					
340 261	18 361	13 208	7	164 396	30 199	8 142	8	11 196	1 458	611	7

银行结算账户数量季报表

2012 年

存款人类别 / 账户性质 / 行别	外国驻华机构				个体工商户				居民委员会、村民委员会、社区委员会			
	基本存款账户	一般存款账户	专用存款账户	临时存款账户	基本存款账户	一般存款账户	专用存款账户	临时存款账户	基本存款账户	一般存款账户	专用存款账户	临时存款账户
政策性银行	2	6			705	619	221	2	18	88	10	
国有商业银行	11 969	856	531	7	2 148 699	209 542	12 103	407	28 631	8 746	5 178	
股份制商业银行	4 358	668	49		367 996	92 758	946	14	1 246	2 155	393	
城市商业银行	1 293	211	48		494 245	57 542	2 269	57	4 618	3 391	943	
农村商业银行	32	7			215 002	15 685	1 899	48	21 906	861	3 611	
城市信用社					12 816	725	22	2	274	41	19	
农村信用社	116	41		1	836 394	53 987	2 988	73	199 325	5 231	18 246	
外资银行	656	308	31		1 512	676			2	8		
中国邮政储蓄银行	7	4			95 055	16 937	131	7	2 819	2 030	686	
其他		1			4 730	3 270	62	1	165	442	83	
合计	18 433	2 102	659	8	4 177 154	451 741	20 641	611	259 004	22 993	29 169	

（按存款人类别）

第二季度　　　　　　　　　　　　　　　　　　单位：户

单位设立的独立核算的附属机构				其他组织				小　计				合计
基本存款账户	一般存款账户	专用存款账户	临时存款账户	基本存款账户	一般存款账户	专用存款账户	临时存款账户	基本存款账户	一般存款账户	专用存款账户	临时存款账户	
43	20	12	1	347	295	160	539	48 631	58 180	71 688	1 815	180 314
26 379	1 128	2 429	38	110 536	14 682	11 019	57 348	9 922 622	4 027 400	1 600 575	158 178	15 708 775
2 631	394	141		16 636	5 571	696	7 559	1 846 870	2 111 041	175 964	12 702	4 146 577
4 178	397	128	1	30 503	5 243	1 072	13 034	2 065 671	1 558 433	222 876	21 176	3 868 156
3 524	66	46		22 142	939	1 357	1 493	889 966	281 285	70 469	2 936	1 244 656
65	10	7		373	73	23	414	42 641	19 937	3 741	798	67 117
13 381	360	680	1	111 140	4 254	4 703	20 402	2 974 002	944 901	335 247	34 995	4 289 145
3	2			2 240	603	130	35	20 898	108 670	4 019	48	133 635
182	177	98		4 130	1 577	246	2 509	226 246	182 413	37 444	4 493	450 596
36	12	4		376	451	43	355	20 231	66 460	3 907	715	91 313
50 422	2 566	3 545	41	298 423	33 688	19 449	103 688	18 057 778	9 358 720	2 525 930	237 856	30 180 284

第三部分

支付业务地域及行别分布状况

表格 1　票据业务量分地区（按业务笔数）

单位：万笔

省份	业务量	省份	业务量
北京	955.51	湖北	666.08
天津	431.80	湖南	402.54
河北	480.97	广东	1 732.41
山西	398.33	海南	72.63
内蒙古	468.13	广西	328.21
辽宁	742.92	重庆	743.97
吉林	198.95	四川	850.44
黑龙江	348.36	贵州	289.53
上海	1 302.96	云南	387.10
江苏	1 831.17	西藏	24.33
浙江	1 500.00	陕西	411.44
安徽	632.37	甘肃	353.53
福建	519.73	青海	67.26
江西	379.52	宁夏	104.65
山东	1 331.97	新疆	498.00
河南	705.25	深圳	383.87

表格 2　票据业务量分地区（按业务金额）

单位：亿元

省份	业务量	省份	业务量
北京	147 378.79	湖北	16 511.38
天津	13 933.23	湖南	9 812.29
河北	17 687.17	广东	51 172.04
山西	10 766.20	海南	2 337.66
内蒙古	9 940.25	广西	13 573.47
辽宁	17 319.87	重庆	13 584.50
吉林	7 969.41	四川	21 092.08
黑龙江	6 469.77	贵州	6 266.64
上海	41 490.34	云南	10 464.23
江苏	73 584.72	西藏	601.39
浙江	76 264.15	陕西	12 808.79
安徽	24 245.50	甘肃	3 368.26
福建	21 790.48	青海	4 141.86
江西	11 256.62	宁夏	2 226.99
山东	49 333.14	新疆	9 125.19
河南	19 283.14	深圳	17 785.24

表格3　票据业务量分行别（按业务笔数）[①]

行别	排名	行别	排名
中国工商银行	1	企业银行	31
农村商业银行	2	渣打银行	32
中国农业银行	3	友利银行	33
城市商业银行	4	瑞穗实业银行	34
中国银行	5	韩亚银行	35
农村信用社	6	新韩银行	36
中国建设银行	7	厦门国际银行	37
交通银行	8	恒生银行	38
农村合作银行	9	外换银行	39
广发银行	10	东方汇理银行	40
招商银行	11	华侨银行	41
上海浦东发展银行	12	南洋商业银行	42
中信银行	13	星展银行	43
兴业银行	14	大华银行	44
中国邮政储蓄银行	15	华一银行	45
中国民生银行	16	法国兴业银行	46
华夏银行	17	苏格兰皇家银行	47
中国光大银行	18	澳大利亚和新西兰银行	48
深圳发展银行	19	德意志银行	49
中国农业发展银行	20	永亨银行	50
恒丰银行	21	中国进出口银行	51
三井住友银行	22	华商银行	52
浙商银行	23	首都银行	53
渤海银行	24	法国巴黎银行	54
外国银行分行	25	华美银行	55
东亚银行	26	大新银行	56
汇丰银行	27	盘谷银行	57
三菱东京日联银行	28	摩根大通银行	58
国家开发银行	29	中信银行国际	59
花旗银行	30		

① 统计期间未发生业务的银行不参与排名，下同。

表格 4　票据业务量分行别（按业务金额）

行别	排名	行别	排名
中国工商银行	1	外国银行分行	31
城市商业银行	2	中国进出口银行	32
中国建设银行	3	南洋商业银行	33
中国农业银行	4	渣打银行	34
中国银行	5	恒生银行	35
农村商业银行	6	韩亚银行	36
农村信用社	7	三菱东京日联银行	37
交通银行	8	瑞穗实业银行	38
上海浦东发展银行	9	华侨银行	39
中信银行	10	星展银行	40
兴业银行	11	外换银行	41
中国民生银行	12	法国巴黎银行	42
中国光大银行	13	德意志银行	43
华夏银行	14	法国兴业银行	44
招商银行	15	友利银行	45
农村合作银行	16	企业银行	46
广发银行	17	大华银行	47
深圳发展银行	18	新韩银行	48
中国农业发展银行	19	大新银行	49
中国邮政储蓄银行	20	永亨银行	50
恒丰银行	21	东方汇理银行	51
国家开发银行	22	苏格兰皇家银行	52
渤海银行	23	华一银行	53
浙商银行	24	盘谷银行	54
东亚银行	25	澳大利亚和新西兰银行	55
三井住友银行	26	华美银行	56
汇丰银行	27	首都银行	57
厦门国际银行	28	中信银行国际	58
华商银行	29	摩根大通银行	59
花旗银行	30		

表格5　支票业务量分地区（按业务笔数）

单位：万笔

省份	业务量	省份	业务量
北京	949.95	湖北	652.33
天津	426.30	湖南	395.69
河北	466.56	广东	1718.55
山西	389.23	海南	72.39
内蒙古	464.60	广西	325.74
辽宁	728.73	重庆	733.37
吉林	196.77	四川	841.08
黑龙江	345.79	贵州	287.66
上海	1 272.31	云南	385.31
江苏	1646.87	西藏	24.32
浙江	1315.34	陕西	407.23
安徽	584.41	甘肃	351.51
福建	507.17	青海	67.18
江西	368.48	宁夏	102.58
山东	1 276.54	新疆	496.01
河南	669.51	深圳	360.07

表格6　支票业务量分地区（按业务金额）

单位：亿元

省份	业务量	省份	业务量
北京	145 385.15	湖北	15 053.19
天津	12 339.74	湖南	9 179.36
河北	16 089.63	广东	48 372.75
山西	8 995.94	海南	2 284.65
内蒙古	9 344.67	广西	13 125.91
辽宁	14 759.73	重庆	12 577.78
吉林	7 571.88	四川	19 417.93
黑龙江	6 219.99	贵州	5 983.87
上海	38 147.86	云南	9 875.10
江苏	59 717.17	西藏	599.36
浙江	57 689.17	陕西	12 339.73
安徽	22 016.62	甘肃	3 171.74
福建	20 102.40	青海	4 128.91
江西	10 281.55	宁夏	2 035.86
山东	45 075.78	新疆	8 910.80
河南	17 555.07	深圳	16 845.38

表格 7　支票业务量分行别（按业务笔数）

行别	排名	行别	排名
中国工商银行	1	花旗银行	30
农村商业银行	2	国家开发银行	31
中国农业银行	3	友利银行	32
城市商业银行	4	渣打银行	33
农村信用社	5	瑞穗实业银行	34
中国银行	6	韩亚银行	35
中国建设银行	7	新韩银行	36
交通银行	8	恒生银行	37
农村合作银行	9	厦门国际银行	38
广发银行	10	外换银行	39
招商银行	11	东方汇理银行	40
上海浦东发展银行	12	华侨银行	41
中信银行	13	大华银行	42
中国邮政储蓄银行	14	星展银行	43
兴业银行	15	南洋商业银行	44
中国民生银行	16	华一银行	45
华夏银行	17	法国兴业银行	46
中国光大银行	18	苏格兰皇家银行	47
深圳发展银行	19	澳大利亚和新西兰银行	48
中国农业发展银行	20	德意志银行	49
恒丰银行	21	永亨银行	50
三井住友银行	22	中国进出口银行	51
外国银行分行	23	首都银行	52
浙商银行	24	法国巴黎银行	53
渤海银行	25	华商银行	54
汇丰银行	26	盘谷银行	55
东亚银行	27	摩根大通银行	56
三菱东京日联银行	28	大新银行	57
企业银行	29	华美银行	58

表格 8　支票业务量分行别（按业务金额）

行别	排名	行别	排名
中国工商银行	1	外国银行分行	30
中国建设银行	2	中国进出口银行	31
城市商业银行	3	花旗银行	32
中国农业银行	4	恒生银行	33
中国银行	5	南洋商业银行	34
农村商业银行	6	三菱东京日联银行	35
农村信用社	7	渣打银行	36
交通银行	8	韩亚银行	37
上海浦东发展银行	9	华侨银行	38
中信银行	10	瑞穗实业银行	39
兴业银行	11	法国巴黎银行	40
中国民生银行	12	星展银行	41
中国光大银行	13	外换银行	42
华夏银行	14	法国兴业银行	43
农村合作银行	15	大华银行	44
广发银行	16	企业银行	45
招商银行	17	大新银行	46
中国农业发展银行	18	友利银行	47
中国邮政储蓄银行	19	永亨银行	48
深圳发展银行	20	东方汇理银行	49
恒丰银行	21	新韩银行	50
国家开发银行	22	苏格兰皇家银行	51
渤海银行	23	盘谷银行	52
浙商银行	24	德意志银行	53
东亚银行	25	澳大利亚和新西兰银行	54
三井住友银行	26	首都银行	55
汇丰银行	27	华一银行	56
厦门国际银行	28	华美银行	57
华商银行	29	摩根大通银行	58

表格 9　各地区支票出票人违规情况列表（按业务笔数）

单位：笔

省份	支票违规笔数	省份	支票违规笔数
北京	947	湖北	267
天津	481	湖南	0
河北	12	广东	27 014
山西	0	海南	0
内蒙古	0	广西	0
辽宁	1 272	重庆	132
吉林	0	四川	183
黑龙江	0	贵州	0
上海	9 016	云南	207
江苏	594	西藏	0
浙江	3 211	陕西	30
安徽	0	甘肃	0
福建	0	青海	0
江西	0	宁夏	0
山东	455	新疆	495
河南	0	深圳	10 307

表格 10　各地区支票出票人违规情况列表（按业务金额）

单位：万元

省份	支票违规金额	省份	支票违规金额
北京	485. 97	湖北	2 599. 63
天津	4 253. 74	湖南	0
河北	378. 22	广东	233 464. 66
山西	0	海南	0
内蒙古	0	广西	0
辽宁	23 458. 74	重庆	1 132. 87
吉林	0	四川	1 461. 3
黑龙江	0	贵州	0
上海	115 144. 37	云南	4 984. 13
江苏	9 548. 91	西藏	0
浙江	174 850. 04	陕西	217. 24
安徽	0	甘肃	0
福建	0	青海	0
江西	0	宁夏	0
山东	4 950. 82	新疆	5 006. 19
河南	0	深圳	38 353. 35

表格 11　支票出票人违规情况分开户银行行别列表（按业务笔数）

行别	排名	行别	排名
中国工商银行	1	浙商银行	20
中国农业银行	2	渣打银行	21
中国银行	3	东亚银行	22
农村商业银行	4	汇丰银行	23
中国建设银行	5	渤海银行	24
城市商业银行	6	恒丰银行	25
农村信用社	7	新韩银行	26
交通银行	8	永亨银行	27
广发银行	9	华一银行	28
招商银行	10	友利银行	29
深圳发展银行	11	企业银行	30
上海浦东发展银行	12	中国农业发展银行	31
兴业银行	13	德意志银行	32
农村合作银行	14	法国巴黎银行	33
中国民生银行	15	花旗银行	34
中信银行	16	三菱东京日联银行	35
中国邮政储蓄银行	17	苏格兰皇家银行	36
中国光大银行	18	外换银行	37
华夏银行	19		

表格 12　支票出票人违规情况分开户银行行别列表（按业务金额）

行别	排名	行别	排名
城市商业银行	1	浙商银行	20
农村商业银行	2	东亚银行	21
农村信用社	3	渤海银行	22
农村合作银行	4	渣打银行	23
中国工商银行	5	汇丰银行	24
中国农业银行	6	恒丰银行	25
中国建设银行	7	新韩银行	26
中国银行	8	华一银行	27
上海浦东发展银行	9	友利银行	28
兴业银行	10	永亨银行	29
中信银行	11	企业银行	30
招商银行	12	中国农业发展银行	31
广发银行	13	法国巴黎银行	32
中国民生银行	14	德意志银行	33
交通银行	15	苏格兰皇家银行	34
深圳发展银行	16	花旗银行	35
中国光大银行	17	三菱东京日联银行	36
中国邮政储蓄银行	18	外换银行	37
华夏银行	19		

表格 13　商业汇票业务分地区（按业务笔数）

单位：万笔

省份	业务量	省份	业务量
北京	5.10	湖北	13.34
天津	5.14	湖南	6.64
河北	11.19	广东	13.40
山西	7.28	海南	0.20
内蒙古	3.01	广西	2.43
辽宁	10.94	重庆	10.06
吉林	1.86	四川	9.23
黑龙江	2.17	贵州	1.84
上海	8.25	云南	1.75
江苏	75.84	西藏	0.00
浙江	84.84	陕西	3.56
安徽	10.25	甘肃	1.94
福建	11.91	青海	0.07
江西	10.54	宁夏	2.02
山东	45.84	新疆	1.88
河南	24.17	深圳	5.76

表格 14　商业汇票业务分地区（按业务金额）

单位：亿元

省份	业务量	省份	业务量
北京	1 495.02	湖北	1 381.85
天津	1 370.51	湖南	572.31
河北	1 310.44	广东	2 487.75
山西	1 509.19	海南	28.05
内蒙古	555.75	广西	401.34
辽宁	1 886.24	重庆	874.20
吉林	341.07	四川	1 557.34
黑龙江	214.15	贵州	281.08
上海	1 788.19	云南	543.42
江苏	5 322.87	西藏	2.03
浙江	5 937.45	陕西	354.11
安徽	888.39	甘肃	188.07
福建	1 372.15	青海	10.08
江西	862.40	宁夏	185.11
山东	3 338.32	新疆	198.32
河南	1 462.23	深圳	794.93

表格 15　商业汇票业务量分行别（按业务笔数）

行别	排名	行别	排名
城市商业银行	1	汇丰银行	28
农村商业银行	2	厦门国际银行	29
中国银行	3	三菱东京日联银行	30
中国工商银行	4	韩亚银行	31
中国民生银行	5	瑞穗实业银行	32
中信银行	6	外国银行分行	33
上海浦东发展银行	7	华一银行	34
交通银行	8	恒生银行	35
兴业银行	9	星展银行	36
中国建设银行	10	德意志银行	37
中国光大银行	11	外换银行	38
招商银行	12	华美银行	39
农村合作银行	13	华侨银行	40
农村信用社	14	法国兴业银行	41
华夏银行	15	华商银行	42
深圳发展银行	16	永亨银行	43
广发银行	17	新韩银行	44
中国农业银行	18	三井住友银行	45
恒丰银行	19	企业银行	46
浙商银行	20	中信银行国际	47
渤海银行	21	友利银行	48
东亚银行	22	大新银行	49
渣打银行	23	大华银行	50
国家开发银行	24	澳大利亚和新西兰银行	51
花旗银行	25	苏格兰皇家银行	52
中国农业发展银行	26	首都银行	53
南洋商业银行	27		

表格 16　商业汇票业务量分行别（按业务金额）

行别	排名	行别	排名
城市商业银行	1	厦门国际银行	28
中信银行	2	汇丰银行	29
上海浦东发展银行	3	韩亚银行	30
中国民生银行	4	德意志银行	31
中国银行	5	恒生银行	32
中国光大银行	6	星展银行	33
交通银行	7	瑞穗实业银行	34
中国建设银行	8	外国银行分行	35
中国工商银行	9	三菱东京日联银行	36
招商银行	10	新韩银行	37
兴业银行	11	外换银行	38
深圳发展银行	12	华侨银行	39
华夏银行	13	华商银行	40
农村商业银行	14	永亨银行	41
广发银行	15	华一银行	42
中国农业银行	16	苏格兰皇家银行	43
农村信用社	17	友利银行	44
恒丰银行	18	华美银行	45
渤海银行	19	三井住友银行	46
农村合作银行	20	法国兴业银行	47
浙商银行	21	澳大利亚和新西兰银行	48
东亚银行	22	企业银行	49
国家开发银行	23	中信银行国际	50
渣打银行	24	大华银行	51
花旗银行	25	首都银行	52
南洋商业银行	26	大新银行	53
中国农业发展银行	27		

表格 17　银行卡数量分地区

单位：万张

省份	数量	省份	数量
北京	14 478.08	湖北	12 544.78
天津	8 482.79	湖南	12 113.13
河北	11 350.75	广东	29 876.93
山西	7 808.16	海南	1 865.85
内蒙古	5 166.31	广西	7 644.08
辽宁	11 801.50	重庆	7 087.75
吉林	5 262.44	四川	15 692.59
黑龙江	6 807.21	贵州	4 679.17
上海	12 667.98	云南	5 879.13
江苏	25 857.95	西藏	226.19
浙江	20 515.45	陕西	7 769.02
安徽	8 789.28	甘肃	4 365.73
福建	12 735.21	青海	743.27
江西	6 945.70	宁夏	1 210.84
山东	21 002.55	新疆	4 370.87
河南	15 485.59	深圳	11 258.68

表格 18　银行卡数量分行别

行别	排名	行别	排名
中国邮政储蓄银行	1	恒丰银行	20
中国农业银行	2	渤海银行	21
中国工商银行	3	东亚银行	22
中国建设银行	4	浙商银行	23
中国银行	5	渣打银行	24
农村信用社	6	汇丰银行	25
城市商业银行	7	花旗银行	26
农村商业银行	8	友利银行	27
交通银行	9	恒生银行	28
招商银行	10	南洋商业银行	29
中国光大银行	11	新韩银行	30
中国民生银行	12	韩亚银行	31
中信银行	13	星展银行	32
上海浦东发展银行	14	华侨银行	33
广发银行	15	永亨银行	34
农村合作银行	16	大华银行	35
兴业银行	17	法国兴业银行	36
华夏银行	18	大新银行	37
深圳发展银行	19		

表格 19　银行卡业务量分地区（按业务笔数）

单位：万笔

省份	业务量	省份	业务量
北京	46 249. 60	湖北	34 833. 37
天津	13 202. 96	湖南	28 503. 77
河北	35 300. 13	广东	100 574. 09
山西	15 918. 29	海南	7 208. 36
内蒙古	16 153. 85	广西	24 122. 92
辽宁	34 655. 47	重庆	20 650. 83
吉林	15 735. 66	四川	42 995. 65
黑龙江	17 873. 76	贵州	13 677. 04
上海	45 520. 95	云南	16 867. 08
江苏	68 226. 54	西藏	836. 57
浙江	65 618. 76	陕西	22 906. 74
安徽	25 030. 81	甘肃	12 292. 74
福建	44 645. 46	青海	2 655. 13
江西	18 224. 07	宁夏	5 091. 27
山东	60 363. 25	新疆	16 737. 37
河南	40 439. 87	深圳	33 965. 71

表格 20　银行卡业务量分地区（按业务金额）

单位：亿元

省份	业务量	省份	业务量
北京	34 874. 20	湖北	25 198. 68
天津	9 252. 15	湖南	19 476. 25
河北	37 311. 47	广东	63 876. 16
山西	18 313. 50	海南	4 448. 49
内蒙古	23 987. 26	广西	16 992. 99
辽宁	30 230. 40	重庆	12 473. 57
吉林	12 306. 39	四川	29 883. 55
黑龙江	15 231. 48	贵州	9 480. 31
上海	41 408. 33	云南	13 361. 90
江苏	64 282. 42	西藏	503. 55
浙江	91 107. 18	陕西	17 987. 45
安徽	23 784. 71	甘肃	8 714. 12
福建	49 075. 16	青海	1 998. 49
江西	16 849. 43	宁夏	3 925. 41
山东	48 867. 35	新疆	10 995. 22
河南	45 482. 98	深圳	24 474. 06

表格 21　银行卡业务量分行别（按业务笔数）

行别	排名	行别	排名
中国工商银行	1	恒丰银行	20
中国建设银行	2	渤海银行	21
中国农业银行	3	东亚银行	22
中国邮政储蓄银行	4	浙商银行	23
交通银行	5	渣打银行	24
农村信用社	6	友利银行	25
中国银行	7	汇丰银行	26
招商银行	8	花旗银行	27
城市商业银行	9	新韩银行	28
农村商业银行	10	韩亚银行	29
广发银行	11	南洋商业银行	30
上海浦东发展银行	12	星展银行	31
农村合作银行	13	恒生银行	32
中国光大银行	14	永亨银行	33
中信银行	15	大华银行	34
中国民生银行	16	法国兴业银行	35
兴业银行	17	华侨银行	36
深圳发展银行	18	大新银行	37
华夏银行	19		

表格 22　银行卡业务量分行别（按业务金额）

行别	排名	行别	排名
中国工商银行	1	恒丰银行	20
中国农业银行	2	浙商银行	21
中国建设银行	3	渤海银行	22
交通银行	4	东亚银行	23
农村信用社	5	韩亚银行	24
城市商业银行	6	花旗银行	25
中国邮政储蓄银行	7	渣打银行	26
农村商业银行	8	新韩银行	27
中国银行	9	友利银行	28
农村合作银行	10	南洋商业银行	29
中国民生银行	11	汇丰银行	30
上海浦东发展银行	12	华侨银行	31
中信银行	13	恒生银行	32
招商银行	14	星展银行	33
中国光大银行	15	永亨银行	34
兴业银行	16	大华银行	35
深圳发展银行	17	法国兴业银行	36
华夏银行	18	大新银行	37
广发银行	19		

表格 23　银行卡消费业务量分地区（按业务笔数）

单位：万笔

省份	业务量	省份	业务量
北京	16 489. 58	湖北	6 998. 58
天津	4 387. 33	湖南	6 208. 72
河北	6 842. 33	广东	23 985. 10
山西	2 976. 61	海南	1 312. 04
内蒙古	2 367. 92	广西	3 646. 43
辽宁	7 223. 62	重庆	3 975. 96
吉林	2 763. 20	四川	7 167. 76
黑龙江	2 984. 93	贵州	1 999. 39
上海	15 998. 28	云南	3 158. 84
江苏	15 844. 21	西藏	97. 16
浙江	13 514. 01	陕西	5 406. 70
安徽	4 673. 50	甘肃	1 804. 21
福建	9 190. 24	青海	331. 81
江西	2 667. 51	宁夏	677. 76
山东	13 985. 81	新疆	2 081. 67
河南	7 503. 00	深圳	10 778. 96

表格 24　银行卡消费业务量分地区（按业务金额）

单位：亿元

省份	业务量	省份	业务量
北京	2 749. 98	湖北	1 885. 32
天津	770. 85	湖南	1 701. 39
河北	1 845. 50	广东	3 834. 34
山西	681. 76	海南	236. 26
内蒙古	697. 89	广西	815. 38
辽宁	1 522. 00	重庆	871. 55
吉林	494. 61	四川	1 699. 59
黑龙江	641. 52	贵州	499. 21
上海	2 744. 39	云南	738. 41
江苏	4 106. 96	西藏	19. 81
浙江	5 103. 94	陕西	1 009. 55
安徽	1 352. 78	甘肃	363. 50
福建	2 224. 57	青海	99. 56
江西	822. 61	宁夏	175. 41
山东	2 665. 05	新疆	478. 02
河南	3 716. 87	深圳	1 660. 99

表格25 银行卡消费业务量分行别（按业务笔数）

行别	排名	行别	排名
中国建设银行	1	恒丰银行	20
中国工商银行	2	渤海银行	21
招商银行	3	东亚银行	22
中国农业银行	4	汇丰银行	23
中国银行	5	渣打银行	24
中国邮政储蓄银行	6	友利银行	25
交通银行	7	新韩银行	26
城市商业银行	8	浙商银行	27
广发银行	9	花旗银行	28
中信银行	10	韩亚银行	29
中国光大银行	11	恒生银行	30
中国民生银行	12	星展银行	31
兴业银行	13	南洋商业银行	32
农村商业银行	14	法国兴业银行	33
农村信用社	15	大华银行	34
上海浦东发展银行	16	永亨银行	35
深圳发展银行	17	华侨银行	36
华夏银行	18	大新银行	37
农村合作银行	19		

表格26 银行卡消费业务量分行别（按业务金额）

行别	排名	行别	排名
中国农业银行	1	浙商银行	20
中国工商银行	2	恒丰银行	21
中国建设银行	3	东亚银行	22
中国银行	4	渤海银行	23
招商银行	5	渣打银行	24
交通银行	6	汇丰银行	25
城市商业银行	7	华侨银行	26
中国邮政储蓄银行	8	恒生银行	27
农村信用社	9	花旗银行	28
中国民生银行	10	新韩银行	29
农村商业银行	11	友利银行	30
中信银行	12	南洋商业银行	31
中国光大银行	13	星展银行	32
广发银行	14	韩亚银行	33
兴业银行	15	大华银行	34
农村合作银行	16	法国兴业银行	35
上海浦东发展银行	17	永亨银行	36
华夏银行	18	大新银行	37
深圳发展银行	19		

表格 27　信用卡数量分地区

单位：万张

省份	数量	省份	数量
北京	2 642.31	湖北	1 068.99
天津	707.28	湖南	706.76
河北	963.94	广东	2 740.41
山西	481.72	海南	150.36
内蒙古	337.69	广西	444.32
辽宁	1 248.54	重庆	602.29
吉林	379.71	四川	989.82
黑龙江	490.73	贵州	214.79
上海	2 495.91	云南	449.33
江苏	2 500.04	西藏	5.54
浙江	2 593.33	陕西	542.06
安徽	673.23	甘肃	247.06
福建	1 249.36	青海	41.90
江西	469.60	宁夏	69.93
山东	1 968.11	新疆	214.73
河南	1 071.99	深圳	1 459.25

表格 28　信用卡数量分行别

行别	排名	行别	排名
中国工商银行	1	中信银行	11
中国建设银行	2	上海浦东发展银行	12
中国银行	3	兴业银行	13
中国农业银行	4	深圳发展银行	14
交通银行	5	中国邮政储蓄银行	15
招商银行	6	华夏银行	16
中国光大银行	7	农村商业银行	17
广发银行	8	农村合作银行	18
中国民生银行	9	农村信用社	19
城市商业银行	10	东亚银行	20

表格 29 信用卡期末授信总额分行别

行别	排名	行别	排名
中国工商银行	1	中国民生银行	11
中国农业银行	2	广发银行	12
中国建设银行	3	中国邮政储蓄银行	13
交通银行	4	兴业银行	14
招商银行	5	深圳发展银行	15
中国银行	6	华夏银行	16
城市商业银行	7	农村商业银行	17
中信银行	8	农村合作银行	18
中国光大银行	9	农村信用社	19
上海浦东发展银行	10	东亚银行	20

表格 30 信用卡期末应偿信贷总额分行别

行别	排名	行别	排名
中国工商银行	1	兴业银行	11
中国建设银行	2	上海浦东发展银行	12
中国银行	3	深圳发展银行	13
交通银行	4	中国农业银行	14
招商银行	5	中国邮政储蓄银行	15
城市商业银行	6	农村商业银行	16
中国民生银行	7	农村合作银行	17
中国光大银行	8	华夏银行	18
广发银行	9	农村信用社	19
中信银行	10	东亚银行	20

表格 31 信用卡逾期半年未偿信贷总额分行别

行别	排名	行别	排名
交通银行	1	中国光大银行	11
中国工商银行	2	兴业银行	12
中信银行	3	上海浦东发展银行	13
招商银行	4	深圳发展银行	14
中国银行	5	华夏银行	15
中国农业银行	6	农村合作银行	16
中国建设银行	7	中国邮政储蓄银行	17
广发银行	8	农村商业银行	18
城市商业银行	9	农村信用社	19
中国民生银行	10	东亚银行	20

表格 32　汇兑业务量分地区（按业务笔数）

单位：万笔

省份	业务量	省份	业务量
北京	1 327. 33	湖北	671. 23
天津	385. 50	湖南	872. 65
河北	750. 08	广东	3 156. 80
山西	1 662. 04	海南	193. 73
内蒙古	503. 94	广西	539. 34
辽宁	784. 28	重庆	436. 95
吉林	350. 06	四川	1 699. 50
黑龙江	392. 23	贵州	635. 15
上海	1 445. 05	云南	398. 20
江苏	2 420. 16	西藏	77. 35
浙江	5 335. 64	陕西	619. 10
安徽	563. 85	甘肃	260. 30
福建	1 797. 04	青海	135. 45
江西	417. 21	宁夏	144. 54
山东	3 606. 43	新疆	450. 84
河南	1 058. 77	深圳	1 114. 01

表格 33　汇兑业务量分地区（按业务金额）

单位：亿元

省份	业务量	省份	业务量
北京	234 858. 58	湖北	23 030. 54
天津	26 798. 53	湖南	23 814. 68
河北	35 916. 20	广东	103 215. 62
山西	41 819. 81	海南	4 434. 62
内蒙古	18 946. 58	广西	13 896. 78
辽宁	48 834. 81	重庆	37 257. 45
吉林	20 674. 10	四川	30 213. 61
黑龙江	32 220. 42	贵州	11 585. 46
上海	221 314. 68	云南	15 492. 57
江苏	80 285. 92	西藏	1 579. 29
浙江	159 903. 65	陕西	18 065. 29
安徽	22 630. 08	甘肃	16 304. 97
福建	38 171. 75	青海	3 261. 77
江西	14 271. 52	宁夏	4 960. 40
山东	65 640. 40	新疆	9 988. 35
河南	38 182. 20	深圳	62 035. 42

表格 34　汇兑业务量分行别（按业务笔数）

行别	排名	行别	排名
中国工商银行	1	瑞穗实业银行	32
中国邮政储蓄银行	2	华一银行	33
中国建设银行	3	星展银行	34
中国农业银行	4	国家开发银行	35
城市商业银行	5	苏格兰皇家银行	36
中国银行	6	友利银行	37
农村信用社	7	韩亚银行	38
农村商业银行	8	企业银行	39
交通银行	9	南洋商业银行	40
中信银行	10	新韩银行	41
农村合作银行	11	恒生银行	42
广发银行	12	花旗银行	43
汇丰银行	13	法国兴业银行	44
华夏银行	14	法国巴黎银行	45
兴业银行	15	华侨银行	46
中国光大银行	16	澳大利亚和新西兰银行	47
渣打银行	17	厦门国际银行	48
德意志银行	18	外换银行	49
上海浦东发展银行	19	中国进出口银行	50
浙商银行	20	大华银行	51
中国农业发展银行	21	东方汇理银行	52
招商银行	22	永亨银行	53
渤海银行	23	盘谷银行	54
深圳发展银行	24	大新银行	55
中国民生银行	25	华美银行	56
外国银行分行	26	蒙特利尔银行	57
摩根大通银行	27	首都银行	58
恒丰银行	28	中信银行国际	59
三菱东京日联银行	29	摩根士丹利国际银行	60
三井住友银行	30	华商银行	61
东亚银行	31		

表格 35 汇兑业务量分行别（按业务金额）

行别	排名	行别	排名
中国工商银行	1	花旗银行	32
城市商业银行	2	外国银行分行	33
中国建设银行	3	三菱东京日联银行	34
交通银行	4	三井住友银行	35
中国农业银行	5	星展银行	36
中国银行	6	华一银行	37
中信银行	7	南洋商业银行	38
农村商业银行	8	恒生银行	39
农村信用社	9	大华银行	40
中国邮政储蓄银行	10	华侨银行	41
华夏银行	11	法国兴业银行	42
中国光大银行	12	韩亚银行	43
兴业银行	13	摩根大通银行	44
广发银行	14	澳大利亚和新西兰银行	45
渣打银行	15	友利银行	46
恒丰银行	16	法国巴黎银行	47
浙商银行	17	新韩银行	48
农村合作银行	18	外换银行	49
渤海银行	19	苏格兰皇家银行	50
中国民生银行	20	东方汇理银行	51
上海浦东发展银行	21	企业银行	52
深圳发展银行	22	大新银行	53
招商银行	23	盘谷银行	54
国家开发银行	24	华美银行	55
中国农业发展银行	25	永亨银行	56
汇丰银行	26	中信银行国际	57
中国进出口银行	27	摩根士丹利国际银行	58
德意志银行	28	首都银行	59
东亚银行	29	蒙特利尔银行	60
厦门国际银行	30	华商银行	61
瑞穗实业银行	31		

表格 36 银行业金融机构行内支付系统分地区（按业务笔数）

单位：万笔

省份	笔数	省份	笔数
北京	10 340.59	湖北	5 221.28
天津	1 447.37	湖南	6 375.89
河北	4 571.48	广东	31 593.30
山西	3 804.09	海南	2 181.91
内蒙古	2 857.92	广西	5 385.72
辽宁	5 387.15	重庆	12 631.45
吉林	2 325.91	四川	8 712.20
黑龙江	8 253.90	贵州	2 947.01
上海	8 400.75	云南	3 572.71
江苏	14 538.94	西藏	224.76
浙江	19 537.66	陕西	3 355.38
安徽	3 514.24	甘肃	2 240.48
福建	9 752.92	青海	606.67
江西	3 160.91	宁夏	826.64
山东	8 268.13	新疆	1 766.10
河南	6 414.30	深圳	14 180.76

表格 37 银行业金融机构行内支付系统分地区（按业务金额）

单位：亿元

省份	金额	省份	金额
北京	236 123.33	湖北	32 360.63
天津	22 667.99	湖南	36 942.86
河北	20 906.87	广东	113 148.02
山西	24 088.84	海南	9 343.49
内蒙古	22 811.97	广西	17 644.79
辽宁	54 066.10	重庆	33 611.05
吉林	13 213.47	四川	26 755.15
黑龙江	17 258.70	贵州	11 543.85
上海	130 895.33	云南	21 319.56
江苏	97 615.09	西藏	750.73
浙江	262 467.36	陕西	18 477.61
安徽	14 397.51	甘肃	7 015.58
福建	36 297.55	青海	2 485.43
江西	15 774.77	宁夏	3 861.20
山东	61 634.54	新疆	6 386.65
河南	37 127.05	深圳	100 298.65

表格 38　银行业金融机构行内支付系统分行别（按业务笔数）

行别	排名	行别	排名
中国建设银行	1	上海浦东发展银行	19
中国农业银行	2	中国农业发展银行	20
中国工商银行	3	渤海银行	21
农村商业银行	4	花旗银行	22
中国邮政储蓄银行	5	汇丰银行	23
城市商业银行	6	德意志银行	24
农村信用社	7	星展银行	25
中国银行	8	友利银行	26
广发银行	9	东亚银行	27
招商银行	10	浙商银行	28
兴业银行	11	华一银行	29
中信银行	12	华夏银行	30
中国民生银行	13	法国巴黎银行	31
深圳发展银行	14	中国进出口银行	32
农村合作银行	15	华侨银行	33
恒丰银行	16	三井住友银行	34
中国光大银行	17	大华银行	35
交通银行	18	外国银行分行	36

表格 39　银行业金融机构行内支付系统分行别（按业务金额）

行别	排名	行别	排名
中国工商银行	1	上海浦东发展银行	19
中国银行	2	农村合作银行	20
城市商业银行	3	德意志银行	21
中国建设银行	4	中国农业发展银行	22
中国农业银行	5	渤海银行	23
中国民生银行	6	浙商银行	24
农村商业银行	7	汇丰银行	25
兴业银行	8	华一银行	26
农村信用社	9	中国进出口银行	27
中国光大银行	10	法国巴黎银行	28
招商银行	11	东亚银行	29
交通银行	12	星展银行	30
深圳发展银行	13	友利银行	31
恒丰银行	14	华夏银行	32
中国邮政储蓄银行	15	外国银行分行	33
广发银行	16	大华银行	34
花旗银行	17	三井住友银行	35
中信银行	18	华侨银行	36

表格 40　同城清算业务量分地区（按业务笔数）

单位：万笔

省份	笔数	省份	笔数
北京	662. 30	湖北	143. 30
天津	307. 63	湖南	35. 68
河北	112. 83	广东	1 946. 81
山西	31. 05	海南	0. 00
内蒙古	39. 90	广西	92. 63
辽宁	457. 36	重庆	133. 64
吉林	43. 70	四川	132. 07
黑龙江	120. 87	贵州	0. 00
上海	392. 42	云南	188. 51
江苏	1 199. 14	西藏	2. 49
浙江	2 398. 38	陕西	107. 02
安徽	74. 94	甘肃	73. 08
福建	69. 87	青海	21. 05
江西	201. 06	宁夏	0. 00
山东	359. 25	新疆	10. 43
河南	79. 97	深圳	86. 50

表格 41　同城清算业务量分地区（按业务金额）

单位：亿元

省份	金额	省份	金额
北京	14 194. 19	湖北	4 201. 92
天津	5 921. 32	湖南	1 311. 33
河北	2 423. 35	广东	9 692. 00
山西	1 038. 63	海南	0. 00
内蒙古	1 123. 59	广西	2 419. 19
辽宁	7 565. 98	重庆	3 327. 06
吉林	1 063. 09	四川	3 813. 21
黑龙江	2 621. 59	贵州	0. 00
上海	5 223. 06	云南	3 959. 99
江苏	41 283. 14	西藏	54. 21
浙江	22 522. 25	陕西	3 085. 68
安徽	1 856. 71	甘肃	1 306. 24
福建	1 278. 16	青海	712. 94
江西	3 209. 70	宁夏	0. 00
山东	11 038. 45	新疆	867. 76
河南	3 299. 99	深圳	338. 73

表格 42　同城清算业务量分行别（按业务笔数）

行别	排名	行别	排名
中国工商银行	1	花旗银行	31
中国农业银行	2	德意志银行	32
城市商业银行	3	外国银行分行	33
中国建设银行	4	国家开发银行	34
中国银行	5	厦门国际银行	35
交通银行	6	友利银行	36
农村商业银行	7	星展银行	37
农村信用社	8	外换银行	38
中信银行	9	南洋商业银行	39
上海浦东发展银行	10	华一银行	40
农村合作银行	11	恒生银行	41
招商银行	12	韩亚银行	42
广发银行	13	企业银行	43
华夏银行	14	新韩银行	44
中国光大银行	15	澳大利亚和新西兰银行	45
中国邮政储蓄银行	16	大华银行	46
中国民生银行	17	华侨银行	47
兴业银行	18	大新银行	48
深圳发展银行	19	首都银行	49
中国农业发展银行	20	永亨银行	50
城市信用社	21	中国进出口银行	51
恒丰银行	22	东方汇理银行	52
浙商银行	23	法国兴业银行	53
汇丰银行	24	苏格兰皇家银行	54
渤海银行	25	法国巴黎银行	55
三井住友银行	26	摩根大通银行	56
三菱东京日联银行	27	中信银行国际	57
东亚银行	28	华美银行	58
瑞穗实业银行	29	华商银行	59
渣打银行	30	盘谷银行	60

表格 43　同城清算业务量分行别（按业务金额）

行别	排名	行别	排名
中国工商银行	1	瑞穗实业银行	31
城市商业银行	2	渣打银行	32
中国建设银行	3	德意志银行	33
中国农业银行	4	厦门国际银行	34
中国银行	5	华一银行	35
农村商业银行	6	中国进出口银行	36
交通银行	7	南洋商业银行	37
农村信用社	8	恒生银行	38
上海浦东发展银行	9	星展银行	39
中信银行	10	友利银行	40
招商银行	11	外国银行分行	41
华夏银行	12	企业银行	42
中国民生银行	13	大华银行	43
中国光大银行	14	韩亚银行	44
兴业银行	15	大新银行	45
中国邮政储蓄银行	16	新韩银行	46
农村合作银行	17	华侨银行	47
广发银行	18	外换银行	48
中国农业发展银行	19	澳大利亚和新西兰银行	49
深圳发展银行	20	首都银行	50
国家开发银行	21	法国巴黎银行	51
浙商银行	22	法国兴业银行	52
渤海银行	23	中信银行国际	53
恒丰银行	24	苏格兰皇家银行	54
汇丰银行	25	永亨银行	55
东亚银行	26	东方汇理银行	56
城市信用社	27	华美银行	57
花旗银行	28	摩根大通银行	58
三井住友银行	29	盘谷银行	59
三菱东京日联银行	30	华商银行	60

表格 44　人民币单位银行结算账户数量分地区

单位：万户

省份	数量	省份	数量
北京	130.69	湖北	90.86
天津	56.00	湖南	70.14
河北	106.04	广东	256.28
山西	58.17	海南	21.26
内蒙古	45.41	广西	61.02
辽宁	108.80	重庆	54.58
吉林	43.45	四川	100.02
黑龙江	60.20	贵州	37.05
上海	203.71	云南	68.32
江苏	336.75	西藏	3.01
浙江	253.12	陕西	73.68
安徽	85.38	甘肃	32.12
福建	98.43	青海	9.55
江西	58.36	宁夏	16.47
山东	213.20	新疆	37.75
河南	122.21	深圳	105.98

表格 45　人民币单位银行结算账户数量分行别

行别	排名	行别	排名
中国工商银行	1	外国银行分行	32
中国农业银行	2	厦门国际银行	33
农村信用社	3	三井住友银行	34
城市商业银行	4	华一银行	35
中国建设银行	5	星展银行	36
中国银行	6	友利银行	37
农村商业银行	7	中国进出口银行	38
交通银行	8	企业银行	39
招商银行	9	韩亚银行	40
上海浦东发展银行	10	恒生银行	41
中国邮政储蓄银行	11	南洋商业银行	42
中信银行	12	新韩银行	43
中国民生银行	13	永亨银行	44
兴业银行	14	德意志银行	45
广发银行	15	大华银行	46
中国光大银行	16	华侨银行	47
华夏银行	17	外换银行	48
深圳发展银行	18	华商银行	49
中国农业发展银行	19	澳大利亚和新西兰银行	50
农村合作银行	20	摩根大通银行	51
城市信用社	21	法国巴黎银行	52
恒丰银行	22	首都银行	53
浙商银行	23	大新银行	54
国家开发银行	24	苏格兰皇家银行	55
渣打银行	25	法国兴业银行	56
渤海银行	26	东方汇理银行	57
东亚银行	27	盘谷银行	58
汇丰银行	28	中信银行国际	59
三菱东京日联银行	29	华美银行	60
瑞穗实业银行	30	蒙特利尔银行	61
花旗银行	31	摩根士丹利国际银行	62

表格 46　基本存款账户数量分地区

单位：万户

省份	数量	省份	数量
北京	94.78	湖北	54.15
天津	29.56	湖南	42.24
河北	66.64	广东	163.48
山西	38.34	海南	14.88
内蒙古	27.69	广西	38.49
辽宁	73.40	重庆	36.00
吉林	31.30	四川	65.40
黑龙江	40.73	贵州	20.68
上海	117.91	云南	34.56
江苏	186.67	西藏	2.16
浙江	147.21	陕西	41.99
安徽	51.10	甘肃	17.35
福建	58.57	青海	5.66
江西	32.78	宁夏	8.97
山东	109.24	新疆	23.25
河南	71.11	深圳	59.49

表格 47　基本存款账户数量分行别

行别	排名	行别	排名
中国工商银行	1	韩亚银行	31
农村信用社	2	三菱东京日联银行	32
中国农业银行	3	外国银行分行	33
城市商业银行	4	新韩银行	34
中国建设银行	5	厦门国际银行	35
中国银行	6	星展银行	36
农村商业银行	7	瑞穗实业银行	37
交通银行	8	外换银行	38
中国邮政储蓄银行	9	企业银行	39
招商银行	10	南洋商业银行	40
上海浦东发展银行	11	德意志银行	41
兴业银行	12	恒生银行	42
中信银行	13	澳大利亚和新西兰银行	43
中国民生银行	14	三井住友银行	44
广发银行	15	摩根大通银行	45
中国光大银行	16	大华银行	46
华夏银行	17	苏格兰皇家银行	47
深圳发展银行	18	永亨银行	48
农村合作银行	19	华侨银行	49
中国农业发展银行	20	华商银行	50
城市信用社	21	首都银行	51
恒丰银行	22	国家开发银行	52
浙商银行	23	大新银行	53
渤海银行	24	东方汇理银行	54
汇丰银行	25	法国巴黎银行	55
东亚银行	26	中国进出口银行	56
渣打银行	27	法国兴业银行	57
友利银行	28	盘谷银行	58
花旗银行	29	中信银行国际	59
华一银行	30	华美银行	60

表格 48　人民币单位银行结算账户净开户数量分地区

单位：万户

省份	数量	省份	数量
北京	4.08	湖北	1.33
天津	1.89	湖南	1.10
河北	0.65	广东	2.05
山西	0.76	海南	0.38
内蒙古	0.43	广西	0.97
辽宁	0.71	重庆	1.35
吉林	0.69	四川	1.89
黑龙江	0.77	贵州	0.70
上海	6.13	云南	1.04
江苏	1.43	西藏	0.09
浙江	1.94	陕西	1.10
安徽	3.29	甘肃	0.62
福建	4.20	青海	0.28
江西	0.66	宁夏	0.62
山东	0.99	新疆	0.55
河南	1.11	深圳	3.39

表格 49　人民币单位银行结算账户净开户数量分行别

行别	排名	行别	排名
农村信用社	1	永亨银行	32
中国银行	2	花旗银行	33
中国建设银行	3	新韩银行	34
城市商业银行	4	中国进出口银行	35
中国工商银行	5	南洋商业银行	36
中国农业银行	6	三井住友银行	37
交通银行	7	厦门国际银行	38
中国民生银行	8	大华银行	39
兴业银行	9	恒生银行	40
中国邮政储蓄银行	10	韩亚银行	41
上海浦东发展银行	11	友利银行	42
中信银行	12	华商银行	43
招商银行	13	澳大利亚和新西兰银行	44
中国光大银行	14	摩根大通银行	45
华夏银行	15	大新银行	46
广发银行	16	外换银行	47
深圳发展银行	17	首都银行	48
浙商银行	18	法国巴黎银行	49
恒丰银行	19	中信银行国际	50
中国农业发展银行	20	德意志银行	51
国家开发银行	21	华侨银行	52
渤海银行	22	法国兴业银行	53
渣打银行	23	东方汇理银行	54
东亚银行	24	华美银行	55
三菱东京日联银行	25	蒙特利尔银行	56
汇丰银行	26	摩根士丹利国际银行	57
星展银行	27	盘谷银行	58
华一银行	28	苏格兰皇家银行	59
外国银行分行	29	农村合作银行	60
企业银行	30	城市信用社	61
瑞穗实业银行	31	农村商业银行	62

表格 50　基本存款账户净开户数量分地区

单位：万户

省份	数量	省份	数量
北京	2.74	湖北	0.77
天津	0.99	湖南	0.58
河北	0.42	广东	1.25
山西	0.39	海南	0.26
内蒙古	0.21	广西	0.62
辽宁	0.43	重庆	0.82
吉林	0.44	四川	1.13
黑龙江	0.47	贵州	0.42
上海	2.98	云南	0.42
江苏	0.87	西藏	0.07
浙江	1.22	陕西	0.72
安徽	1.90	甘肃	0.25
福建	2.29	青海	0.16
江西	0.28	宁夏	0.31
山东	0.54	新疆	0.33
河南	0.86	深圳	2.46

表格 51　基本存款账户净开户数量分行别

行别	排名	行别	排名
农村信用社	1	友利银行	28
中国银行	2	南洋商业银行	29
中国建设银行	3	花旗银行	30
中国工商银行	4	外换银行	31
中国农业银行	5	摩根大通银行	32
城市商业银行	6	瑞穗实业银行	33
交通银行	7	华一银行	34
兴业银行	8	外国银行分行	35
中国邮政储蓄银行	9	三菱东京日联银行	36
中国民生银行	10	澳大利亚和新西兰银行	37
上海浦东发展银行	11	首都银行	38
招商银行	12	国家开发银行	39
中信银行	13	恒生银行	40
中国光大银行	14	法国巴黎银行	41
华夏银行	15	法国兴业银行	42
广发银行	16	中国进出口银行	43
深圳发展银行	17	大新银行	44
恒丰银行	18	苏格兰皇家银行	45
浙商银行	19	东方汇理银行	46
渤海银行	20	三井住友银行	47
东亚银行	21	厦门国际银行	48
企业银行	22	德意志银行	49
渣打银行	23	中国农业发展银行	50
星展银行	24	农村合作银行	51
韩亚银行	25	城市信用社	52
汇丰银行	26	农村商业银行	53
新韩银行	27		

表格 52　基本存款账户流入数量分行别

行别	排名	行别	排名
农村商业银行	1	恒丰银行	22
城市商业银行	2	浙商银行	23
中国建设银行	3	渤海银行	24
中国工商银行	4	东亚银行	25
中国银行	5	汇丰银行	26
中国农业银行	6	韩亚银行	27
农村信用社	7	友利银行	28
交通银行	8	渣打银行	29
中国民生银行	9	花旗银行	30
上海浦东发展银行	10	新韩银行	31
兴业银行	11	摩根大通银行	32
招商银行	12	德意志银行	33
中信银行	13	企业银行	34
中国光大银行	14	恒生银行	35
广东发展银行	15	华一银行	36
华夏银行	16	南洋商业银行	37
中国邮政储蓄银行	17	首都银行	38
深圳发展银行	18	外换银行	39
中国农业发展银行	19	厦门国际银行	40
农村合作银行	20	外国银行分行	41
城市信用社	21		

表格 53　基本存款账户流出数量分行别

行别	排名	行别	排名
农村信用社	1	浙商银行	23
中国工商银行	2	恒丰银行	24
城市商业银行	3	东亚银行	25
中国农业银行	4	汇丰银行	26
中国银行	5	德意志银行	27
中国建设银行	6	渣打银行	28
农村商业银行	7	厦门国际银行	29
城市信用社	8	友利银行	30
农村合作银行	9	企业银行	31
交通银行	10	韩亚银行	32
中国邮政储蓄银行	11	新韩银行	33
兴业银行	12	花旗银行	34
招商银行	13	外国银行分行	35
上海浦东发展银行	14	外换银行	36
广发银行	15	澳大利亚和新西兰银行	37
中信银行	16	恒生银行	38
华夏银行	17	华商银行	39
中国民生银行	18	南洋商业银行	40
中国光大银行	19	三菱东京日联银行	41
深圳发展银行	20	大新银行	42
中国农业发展银行	21	首都银行	43
渤海银行	22	星展银行	44

表格 54 基本存款账户净流入数量分行别

行别	排名	行别	排名
农村商业银行	1	花旗银行	24
城市商业银行	2	华商银行	25
中国建设银行	3	三菱东京日联银行	26
中国民生银行	4	外换银行	27
交通银行	5	外国银行分行	28
上海浦东发展银行	6	新韩银行	29
招商银行	7	友利银行	30
兴业银行	8	企业银行	31
中信银行	9	厦门国际银行	32
中国光大银行	10	渣打银行	33
深圳发展银行	11	德意志银行	34
恒丰银行	12	东亚银行	35
华夏银行	13	汇丰银行	36
浙商银行	14	渤海银行	37
中国农业发展银行	15	广发银行	38
摩根大通银行	16	中国工商银行	39
华一银行	17	中国邮政储蓄银行	40
大新银行	18	中国银行	41
恒生银行	19	中国农业银行	42
南洋商业银行	20	农村合作银行	43
星展银行	21	城市信用社	44
澳大利亚和新西兰银行	22	农村信用社	45
韩亚银行	23		